GRANDES ENIGMAS DE LA HISTORIA

Papel certificado por el Forest Stewardship Council®

MIXTO
Papel | Apoyando la
silvicultura responsable
FSC® C117695

Penguin
Random House
Grupo Editorial

Primera edición: febrero de 2025

© 2025, Carlos González Martínez
© 2025, Penguin Random House Grupo Editorial, S. A. U.
Travessera de Gràcia, 47-49. 08021 Barcelona
© 2025, Enrique Carlos Martín Rodríguez, por las ilustraciones
Representado por Tormenta
www.tormentalibros.com

Printed in Spain – Impreso en España

ISBN: 978-84-272-4692-8
Depósito legal: B-21.178-2024

Compuesto en Llibresimes, S. L.
Impreso en Gómez Aparicio, S. L.
Casarrubuelos (Madrid)

MO46928

CARLOS GONZÁLEZ MARTÍNEZ
@HISTORIA.EN.COMENTARIOS

GRANDES ENIGMAS DE LA HIST🌐RIA

120 PREGUNTAS
(Y RESPUESTAS)
SOBRE EL MUNDO
QUE NOS RODEA

MOLINO

¿DÓNDE COMIENZA NUESTRO ÁRBOL GENEALÓGICO?

Hace siete millones de años, nuestros antepasados se parecían mucho a los chimpancés de hoy día. Aunque compartimos un ancestro común con los simios, ¿por qué ellos continúan viviendo entre los árboles y nosotros no? La respuesta se debe a la… ¡evolución humana!

Esas transformaciones se dieron porque el lugar donde vivían cambió, de modo que tuvieron que buscar comida de otra forma. Así que, poco a poco, sus cuerpos se fueron adaptando a estos retos, como si estuvieran aprendiendo nuevas habilidades para sobrevivir en un mundo que se volvía más difícil. Interesante, ¿verdad?

Con el paso de muchos muchos años, esos cambios hicieron que surgieran especies que se parecían más a nosotros, como los australopitecos y los homínidos. Por cierto, uno de nuestros antepasados más conocidos es Lucy, una criatura de apenas un metro que vivió hace más de tres millones de años.

La evolución fue un proceso muy largo y emocionante, en el que nuestros antecesores se enfrentaron a los desafíos del lugar donde vivían para, al final, convertirse en los seres humanos que somos hoy.

La teoría de la evolución es un gran rompecabezas que nos ayuda a entender de dónde venimos. Gracias a la aparición de huesos y herramientas muy antiguas, este enigma está siendo descifrado por los científicos. ¿No te parece una investigación apasionante?

¿POR QUÉ EL DEDO PULGAR NOS HIZO INTELIGENTES?

Te aviso que en este capítulo no basta con leer. Vas a tener que mover la mano, y mucho, así que prepárate. ¿Alguna vez te has preguntado por qué el dedo pulgar es tan importante? ¡Pues resulta que realmente es muy especial en el proceso de evolución humana!

Primera prueba: sin usar el pulgar, intenta coger algo pequeño, como un lápiz o una goma de borrar. ¿Verdad que es mucho más complicado? Eso es porque ese dedo puede moverse de manera diferente a los otros y nos ayuda a agarrar cosas con mayor precisión.

Segunda prueba: trata de dibujar algo con un lápiz sin usar el pulgar. ¿Difícil? Pues imagínate tener que usar unas tijeras sin ese dedo. ¡Es casi imposible!

Ahora que ha quedado muy clara la utilidad del pulgar en el uso de herramientas, ¿sabías que los australopitecos y también los homínidos empezaron a pensar en inventar más cosas gracias a ese dedo? ¿Y qué ocurrió después? ¡Nuestros cerebros crecieron! Inventar nuevas herramientas hizo que se desarrollaran más que los de otros animales. Por lo que podemos decir que, gracias a nuestros pulgares, ¡somos muy inteligentes!

¿CÓMO ERAN LAS CASAS HACE MILLONES DE AÑOS?

La Edad de Piedra es un periodo de la prehistoria que duró millones de años, y ¿sabes qué? La vida era muy distinta a como es ahora.
Las personas dependían de los animales que cazaban para comer, por lo que tenían que moverse de un lugar a otro siguiéndolos. Esto quiere decir que… ¡eran nómadas!

¿Quieres saber dónde vivían? Al cambiar de hogar varias veces al año, no se esforzaban en construir casas permanentes como las que conocemos hoy. En lugar de eso, se refugiaban en cuevas naturales o en chozas hechas con ramas y pieles de animales. Eran hogares básicos, pero protegían a las personas del frío y de los animales salvajes.

Y seguro que también te estás preguntando por qué se llama Edad de Piedra, ¿verdad? Es principalmente por una razón: aunque en esa época la gente usaba herramientas de madera y hueso, la mayoría estaban hechas de piedra. Eran instrumentos simples, pero muy importantes para sobrevivir; de modo que tallaban hachas y cuchillos de piedra muy afilados.

Además, la comunidad era fundamental para la gente de la Edad de Piedra, por lo que formaban clanes de unas diez personas para sobrevivir juntos.

¿DÓNDE NACIÓ LA PRIMERA GRAN CIVILIZACIÓN?

Hace miles de años, en un lugar llamado Mesopotamia, nació la primera gran civilización del mundo. Mesopotamia estaba entre dos ríos, el Tigris y el Éufrates, motivo por el que la tierra era muy fértil, perfecta para el cultivo. Por eso, la gente decidió vivir allí y empezar a sembrar y cosechar sus propios alimentos.

Mesopotamia fue importante porque los seres humanos abandonaron definitivamente la vida nómada y se quedaron en un solo lugar. Construyeron casas, crearon ciudades y empezaron a trabajar juntos para mejorar sus vidas. Además, sus pobladores inventaron la rueda, lo que facilitó el transporte y el comercio.

¿Sabes qué más pasó en Mesopotamia? Allí se desarrolló uno de los primeros sistemas de escritura del mundo: la escritura cuneiforme. Sus pobladores dejaron huella de su paso por la historia a través de incisiones hechas con estiletes en tablillas de arcilla húmeda.

Gracias a la escritura, ¡conocemos muchas historias y leyendas del mundo mesopotámico! ¿Te gustaría saber algunas? Las más famosas son el Enuma Elish, que cuenta cómo se creó el mundo, y el poema de Gilgamesh. Ambas son religiosas, puesto que los habitantes de Mesopotamia adoraban a sus dioses y, sobre todo, celebraban grandes fiestas en su honor.

¿CUÁL FUE LA PRIMERA CIUDAD DE LA HISTORIA?

Aunque te pueda sorprender, los historiadores no se ponen de acuerdo. Sabemos que las primeras ciudades surgieron entre el 4.000 y el 3.500 antes de Cristo, es decir, ¡hace muchísimo tiempo!

Jericó y Çatalhöyük son dos de las opciones preferidas de los expertos. Pero ninguna de ellas cuenta con tantos partidarios como Uruk. ¿Y dónde estaba esa ciudad? ¡En nuestra querida Mesopotamia! Sabemos que Uruk fue un importante centro económico y cultural de la civilización sumeria. Y en este punto, quizá te preguntes quiénes eran los sumerios, ¿verdad?

> Hace miles de años, el sur de Mesopotamia se llamaba Sumer. De ahí viene el nombre «sumerios», que eran los pobladores de importantes ciudades como Umma, Ur, Lagash, Eridu o la propia Uruk. Cada una de ellas tenía sus propias leyes, gobierno y rey (ellos lo llamaban «lugal» o «ensi»). Es decir, no había en sí un reino de los sumerios, sino que esas ciudades eran independientes.

Sigamos hablando de Uruk. Sus habitantes contaban con un sistema de construcción avanzado para la época que les permitió levantar edificios monumentales, donde destacaban los palacios y los templos, así como los majestuosos zigurats, que eran santuarios con forma de pirámide escalonada.

En sus mejores momentos, Uruk llegó a tener algo más de ¡cincuenta mil habitantes! Puede que te parezca una ciudad pequeña, pero en aquella época ¡no había nada igual en el mundo!

¿CÓMO LLEGÓ A SER REY EL HIJO DEL JARDINERO?

Nuestra siguiente historia también empieza en Sumer. Abandonamos Uruk y nos dirigimos a una ciudad llamada Kish.

La leyenda cuenta que un jardinero del rey Ur-Zababa encontró un cesto flotando en el río Éufrates. Hasta ahí no hay nada extraordinario, ¿verdad? Pues esperad, porque resulta que dentro había ¡un bebé abandonado! Este niño, que pasaría a la historia como Sargón, fue adoptado por el jardinero.

Sargón era un chico espabilado y con mucha ambición. Una vez alcanzada la mayoría de edad, empezó a ascender hasta convertirse en hombre de confianza de Ur-Zababa.

Con el tiempo, el mismísimo rey empezó a desconfiar de un servidor tan ambicioso. Y mientras eso sucedía, Sargón descubrió que no era sumerio, sino originario de otro pueblo: los acadios.

> **Cuando Uruk llevaba más de mil años siendo una importante ciudad, llegaron a Mesopotamia los acadios y se instalaron al norte.**

Cuando Ur-Zababa decidió acabar con Sargón, este escapó al norte, donde habitaba su pueblo. Una vez entre los acadios, Sargón armó un gran ejército y se dirigió hacia el sur.

Conquistó todo Sumer hasta derrotar al rey más importante: Lugalzagesi. ¡Sargón consiguió gobernar sobre toda Mesopotamia!

Y así fue como el hijo adoptado de un jardinero se convirtió en el primer gran rey de la historia.

¿CUÁLES SON LAS LEYES MÁS CURIOSAS DE MESOPOTAMIA?

Con el tiempo, el imperio creado por Sargón terminó desapareciendo y se formaron muchas ciudades independientes. Cuatro siglos después, un hombre llamado Hammurabi se convirtió en rey de una de ellas: Babilonia. ¿Te suena?

El poderoso rey decidió poner por escrito las 282 leyes que debían cumplir sus súbditos. Sí, has leído bien: 282 leyes. Y, para que conocieran su contenido, hizo que se grabara ese código legal en estelas de piedra para distribuirlas por todas las ciudades. Por cierto, si quieres ver alguna, ¡solo tienes que ir al museo del Louvre en París!

El Código de Hammurabi es el más antiguo que conservamos, pero también uno de los más curiosos. ¿Te gustaría conocer alguna de las leyes? Por ejemplo: si un constructor levantaba una casa y se derrumbaba causando la muerte del dueño, el constructor era condenado a muerte. ¿Pero sabes que pasaba si en el derrumbe moría el hijo del dueño? ¡El que debía morir era el hijo del constructor!

Otra: si una persona acudía a apagar el incendio de una casa y, mientras lo hacía, robaba los bienes del dueño, el ladrón debía ser arrojado al mismo fuego que quemaba la casa. Como ves, no se andaban con tonterías estos babilónicos.

¿CONOCES EL PRIMER POEMA DEL MUNDO?

¿Recuerdas que hemos mencionado el poema de Gilgamesh? Quizá no lo sepas, pero es uno de los textos literarios más antiguos que ha llegado a nuestros días y narra la aventura de Gilgamesh en su viaje en busca de la inmortalidad.

En el texto se relata cómo el dios Enlil, harto de los humanos, decidió enviar millones de litros de agua sobre la tierra para aniquilarlos. ¿El motivo? Al parecer, le molestaban porque hacían mucho ruido, aunque no está claro si es porque estaba durmiendo la siesta o simplemente porque le dolía la cabeza.

El poema también nos habla del dios Ea, que intentó ayudar a la humanidad avisando al rey sumerio Utnapishtim de la que se les venía encima. Este decidió construir un gran barco para salvar a su familia y, de paso, también metió dentro a una pareja de cada especie animal.

Sí, así es: es una historia parecida a la de Noé en la Biblia. Al fin y al cabo, el pueblo judío se configura muy cerca de Mesopotamia, por lo que no resulta descabellado pensar que ambas culturas pudieran influenciarse mutuamente, ¿verdad?

Al final, toda la tierra quedó cubierta de agua después de doce días lloviendo, y así fue como Enlil puso fin a todo rastro de vida. Bueno, a casi todo, porque Utnapishtim, su familia y los animales se salvaron gracias a su barco.

¿POR QUÉ LOS EGIPCIOS MOMIFICABAN A LOS MUERTOS?

Los antiguos egipcios creían que el alma del difunto, llamada *ka*, sobrevivía después de la muerte, pero que este necesitaba un cuerpo para habitar en el más allá. Por eso se momificaban a los muertos.

¿Cómo se realizaba este proceso de verdad? ¡Olvida el papel higiénico! Primero, limpiaban el cuerpo y, a continuación, sacaban todos los órganos para preservarlos en unos recipientes especiales llamados «vasos canopos». Aunque no todos, porque el corazón, residencia del *ka* según los egipcios, se dejaba en su lugar.

Por último, con el fin de evitar la descomposición del cuerpo, se le aplicaban una serie de ungüentos y se envolvía con vendas de lino.

¿Y sabías que los egipcios no solo momificaban a las personas? ¡Así es! Llegaron incluso a momificar a sus gatos ¿Por qué hacían eso? En el antiguo Egipto, los consideraban animales sagrados que tenían poderes mágicos. Además, pensaban que protegían sus hogares de los malos espíritus. Por ese motivo, cuando un gato moría, su familia se aseguraba de que estuviera bien cuidado en el más allá.

¿QUÉ LEEN LOS MUERTOS?

Hemos leído que la supervivencia del *ka* tenía una gran importancia para los antiguos egipcios. No lo habrás olvidado, ¿no? Ahora descubrirás de dónde viene tal creencia: del «Libro de los Muertos».

Eran unos textos funerarios para ayudar a los difuntos en su viaje al más allá. Se dejaban por escrito ¡dentro de la tumba! En ellos el difunto tenía oraciones y ritos, pero también ¡hechizos para defenderse de las peligrosas criaturas del inframundo!

> En algunas religiones y culturas antiguas, el inframundo es un lugar subterráneo donde los muertos eran juzgados. Si se habían comportado bien en la vida, podían descansar en paz. Pero si habían sido malvados, se quedaban en el inframundo como castigo.

El «Libro de los Muertos» también relataba el juicio del difunto ante el dios Osiris. Hasta allí era guiado por otra divinidad, Anubis, quien ponía en el extremo de una balanza el corazón del difunto y en el otro la pluma de Maat, diosa de la verdad.

Thoth, dios de la sabiduría, apuntaba el resultado: si el corazón pesaba más que la pluma, significaba que el difunto había sido malo en vida, por lo que era condenado a ser devorado por la criatura Ammit. Pero si sucedía lo contrario, ¡era premiado con la otra vida!

¿CUÁNTO MIDE LA PIRÁMIDE MÁS GRANDE DEL MUNDO?

Cuando pensamos en pirámides, es normal que nos venga Egipto inmediatamente a la cabeza, pero también encontramos estas impresionantes edificaciones en Nubia, Teotihuacán, Chichén Itzá o Tenochtitlán, entre otros lugares. Quizá te sorprenda que tantos seres humanos hayan decidido levantar pirámides, pero ¿sabías que es la forma más sencilla de construir algo alto y estable?

Hace unos 4.500 años, el faraón Keops inició en la llanura de Guiza su gran proyecto: una pirámide de 147 metros de alto y 230 metros en cada lado, que debía servir como su lugar de enterramiento. ¡Y tras miles de años sigue en pie! Aunque con el paso del tiempo ha perdido casi diez metros de altura por el desgaste de la piedra.

Siendo sinceros, a Keops lo de levantar pirámides le venía de familia. Su padre Snefru había construido tres en la llanura de Dahshur. Vamos, cualquiera diría que no se había dedicado a otra cosa en su vida. Además, junto a la gran pirámide de Guiza, su hijo Kefrén y su nieto Micerino edificaron sus tumbas. Ahora bien, ¡ninguna superó en altura a la de Keops!

¿PODÍAN REINAR LAS MUJERES EN EL ANTIGUO EGIPTO?

Antes de responder a esa pregunta, voy a contarte un secreto: los egipcios jamás utilizaban la palabra «faraona» para nombrar a sus reinas. Es un error, pues el término «faraón» servía para hombres y mujeres. Su significado estaba relacionado con la divinidad, no con un género en concreto.

Así que sí, hubo mujeres faraón en el antiguo Egipto. ¿Quieres conocer a algunas de ellas?

Una de las reinas más importantes fue Hatshepsut. (Ahora intenta decir su nombre sin trabarte, a ver si lo consigues). Gobernó durante más de veinte años, siendo uno de los faraones más importantes de la decimoctava dinastía. Su reinado fue próspero y beneficioso para Egipto.

El caso de Nefertiti es algo más complejo, pues no tenemos claro si llegó a gobernar como faraón al morir su marido Akenatón. En cualquier caso, esta reina tuvo una notable influencia en Egipto y, sobre todo, en los cambios religiosos de su tiempo.

Dando un salto en el tiempo, nos topamos ante una reina-faraón superfamosa: Cleopatra VII. Gobernó en la segunda mitad del siglo I antes de Cristo. Cleopatra VII pertenecía a la dinastía de los Ptolomeos, que eran de origen griego. Era muy hábil en la política y tuvo una relación con el famoso general romano Julio César. Y aquí viene lo más emocionante: ¡nadie sabe dónde está enterrada! La ubicación de su tumba sigue siendo un gran misterio, lo que hace que su historia sea aún más intrigante.

¿UNA TUMBA LLENA DE TESOROS?

El 4 de noviembre de 1922, el arqueólogo Howard Carter encontró la tumba del faraón Tutankamón. Unos días después, cruzaba el umbral con su amigo lord Carnarvon, quien había financiado esa excavación a lo largo de casi una década. Lo que vino a continuación es historia de la arqueología.

Carter entró en la primera sala de la tumba y, aún desde fuera, lleno de curiosidad, lord Carnarvon preguntó: «¿Qué ve? ¿Ve usted algo?». A sus oídos llegaron solo tres palabras que resumían el asombro de ser el primero que visitaba ese lugar en tres mil años: «Sí, cosas maravillosas».

Te preguntarás qué tesoros encontró Howard Carter, ¿verdad? Imagina un sarcófago de oro macizo que, al abrirse, muestra otro del mismo material, pero de menor tamaño. Y, después, la momia del faraón Tutankamón, de la XVIII dinastía, dentro de un último sarcófago de madera. Su rostro estaba cubierto por una máscara funeraria de oro, con piedras preciosas y elementos de vidrio incrustados a modo de decoración.

Pero las cosas maravillosas no terminan ahí: la estancia estaba adornada por cofres de alabastro, joyas y amuletos, objetos personales del faraón, túnicas y capas hechas de hilo de oro, estatuillas… Y, junto a toda esa gran cantidad de tesoros, el trono de oro decorado con dibujos de Tutankamón y su esposa Ankhesenamón.

EL EMPERADOR AMARILLO: ¿MITO O REALIDAD?

Las tradiciones más antiguas de China nos hablan de Huangdi, el Emperador Amarillo. No se sabe si existió realmente, pero la leyenda cuenta que fue el primero en unificar a las antiguas tribus chinas.

Se le presenta como un dios menor de la guerra, ¡que nació hablando como si fuera un adulto!

Supuestamente, Huangdi fue el responsable de importantes avances como la escritura, la medicina y el desarrollo de las primeras técnicas agrícolas. Y no solo destacó como un fuera de serie en la cultura y la ciencia, sino también en el campo de batalla. Según los relatos mitológicos, ¡vencía en todas las batallas en las que participaba!

Cada vez son más los historiadores que dan fe de su existencia, pero consideran que sus méritos se exageraron. Incluso se sostiene la teoría de que no hubo un solo Emperador Amarillo, sino varios jefes tribales que unificaron China entre el año 3000 y el 2000 antes de Cristo.

Otro de los motivos que ha llevado al engrandecimiento de Huangdi es que, a su muerte, China quedó dividida en varios reinos durante siglos. Por esa razón, su leyenda representa la unidad de esa civilización, así como el origen de su cultura milenaria. Dos aspectos muy valorados por los chinos desde hace siglos.

¿QUÉ EMPERADOR TIENE SU EJÉRCITO BAJO TIERRA?

Huangdi no fue el único emperador en unificar China. Otro de los nombres fue Qin Shi Huang, y en el 221 antes de Cristo se convirtió en el primero de los tres gobernantes de la dinastía Qin. Por cierto, si quieres pronunciar bien esa palabra, que forma parte además del nombre de nuestro protagonista, debes decir algo así como «shin».

Desde el territorio de sus antepasados, Qin Shi Huang amplió su reino a lo largo de casi una década. Desde el año 230 antes de Cristo, fue conquistando los distintos estados en los que estaba dividida China. Los reyes Han, Zhao, Wei, Chu, Yan y Qi fueron derrotados en el campo de batalla por los ejércitos de Qin Shi Huang.

Después de varios siglos de lucha entre distintos reinos, el sistema de escritura había evolucionado de forma diferente en cada uno. Por ese motivo, el nuevo emperador se esforzó en unificarlo y también eliminó las antiguas unidades de medida, puso un sistema único para todo su imperio y una sola moneda.

Qin Shi Huang también ordenó crear grandes estructuras, como la zona norte de la Gran Muralla. Pero eso no es todo. Antes de morir, se hizo construir una tumba enorme y la llenó con un increíble ejército de terracota formado por unos 6.000 soldados, 670 caballos y 160 carros de guerra. Los arqueólogos siguen excavando en ese lugar y descubriendo más detalles asombrosos. ¡Es como un tesoro que aún guarda muchos secretos por revelar!

¿POR QUÉ SE CONSTRUYÓ LA GRAN MURALLA CHINA?

Las primeras murallas se construyeron alrededor del siglo VII antes de Cristo. En aquel tiempo, eran solo fortificaciones defensivas independientes. Casi cuatrocientos años después, Qin Shi Huang decidió unificar estas construcciones. ¡Es increíble pensar cómo estas murallas se unieron para formar una de las estructuras más famosas del mundo!

Y las sucesivas dinastías continuaron ampliando y mejorando esa impresionante fortificación a lo largo de más de dos mil años.

La Gran Muralla se construyó para proteger China de los ataques de los mongoles. Pero también cumplía otras funciones.

Los muros no solo evitaban la entrada de invasores, también de productos comerciales. Al hacer pasar a los mercaderes por una serie de puertas, los gobernantes decidían qué se vendía en su reino y qué no. Y por supuesto, aprovechaban para cobrarles impuestos.

La Gran Muralla transmitía la grandeza del emperador, pues solo alguien muy poderoso era capaz de construir algo tan inmenso. Anota: estaba edificada con cientos de millones de bloques de piedra, tenía más de 21.000 kilómetros de largo y contaba con casi 25.000 torres defensivas. Sin embargo, que no te engañen: la Gran Muralla no se ve desde el espacio, ¡ni mucho menos desde la Luna!

¿CUÁL FUE EL PRIMER CENTRO COMERCIAL?

Al morir Qin Shi Huang, el caos se apoderó de China hasta que la dinastía Han se hizo con el poder. Bajo su gobierno, nació la Ruta de la Seda. Pero ¿de dónde viene ese nombre? ¿Recuerdas al Emperador Amarillo? La leyenda cuenta que su mujer, Luo Zu, descubrió cómo obtener la seda de los gusanos y, además, enseñó a los chinos a tejer. Como este secreto no salió del imperio durante siglos, los otros reinos se vieron obligados a comprar esos valiosos tejidos a China.

Aunque la ruta tomaba el nombre de ese tejido, por ella también viajaban comerciantes con otro tipo de productos: té, pimienta, jengibre, canela, porcelana, jade… ¿Quieres saber su recorrido? Había dos extremos: China y las ciudades costeras del Mediterráneo.

La Ruta de la Seda podía hacerse por tierra o por mar. La primera salía de China y llegaba a Persia. Ese camino pasaba por las importantes ciudades comerciales de Samarcanda, Bagdad, Damasco y Constantinopla. La ruta marítima, en cambio, tras partir de los puertos del mar Amarillo, llegaba al Mediterráneo atravesando las costas del sudeste asiático y el océano Índico.

Por aquel entonces, el recorrido por tierra podía llevar entre dos y tres años. ¿Te atreverías a embarcarte en este emocionante viaje? Necesitarías montar camellos y atravesar paisajes impresionantes y comerciar con gente de diferentes culturas. ¡Un viaje épico que nunca olvidarías!

¿CUÁL ES EL SECRETO DE LA FELICIDAD?

Seguro que conoces a Buda, pero ¿y su historia? Siddhartha Gautama, como se llamaba, nació en torno al año 500 antes de Cristo en una familia muy rica, así que tuvo una vida de lujos y comodidades. Sin embargo, poco antes de cumplir los treinta años, algo muy importante sucedió: Siddhartha empezó a pensar mucho sobre el sufrimiento que había en el mundo, especialmente en el envejecimiento y la muerte.

Decidió abandonar su cómoda vida y empezó a vivir en medio de la naturaleza, para tratar de entender por qué las personas sufren y cómo podían encontrar la felicidad. Además, visitó a sabios y maestros, pero no encontró en ellos las respuestas que buscaba.

Un día, mientras meditaba bajo un árbol, Siddhartha Gautama tuvo una profunda experiencia que le ayudó a comprender qué era el sufrimiento humano y cómo superarlo. Así es como se convirtió en Buda, que significa «Iluminado», y el resto de su vida la dedicó a enseñar a otros cómo encontrar la paz y la felicidad verdaderas.

Según Buda, había una serie de reglas para entender y superar el sufrimiento: las Cuatro Nobles Verdades. Pero eso no era todo. También hablaba sobre el llamado Noble Camino Óctuple. ¿En qué consistía? Era un mapa con ocho pasos importantes que las personas debían seguir para ser felices. Si te parece interesante el pensamiento de Buda, te animo a que investigues más por tu cuenta. ¡Seguro que descubres enseñanzas muy útiles para tu vida!

¿QUÉ HAY DE REAL EN EL LABERINTO DEL MINOTAURO?

En torno al famoso Minotauro surgen una serie de historias, pero, por desgracia, no tenemos ni tiempo ni espacio para profundizar en ellas. Por eso, antes de hablarte de la existencia del laberinto, te animo a que investigues por tu cuenta el mito y descubras todos los detalles.

Es probable que pienses que ese laberinto y su criatura jamás existieron, pero no olvides que se trata de un relato mitológico, es decir, una historia que, adornada por muchos elementos inventados, esconde algunas verdades. ¿Quieres saber qué hay de cierto?

A principios del siglo xx, Arthur Evans, un arqueólogo británico obsesionado con demostrar la existencia del laberinto, comenzó una excavación en la isla de Creta. No partía de cero: el griego Kalokairinós ya había encontrado restos de un gran palacio en Cnosos. Tras treinta años de labor, Evans descubrió algo impresionante.

Cnosos era un conjunto de edificios con más de mil salas y una amplia estructura de pasillos que se asemejaba mucho a… ¡exacto, un laberinto! Además, muchas de esas estructuras cuentan con pasillos subterráneos donde resulta bastante sencillo perderse.

¿Encontró Evans el laberinto de nuestro mito? Es evidente que no, pero es cierto que esa compleja estructura de palacios y pasillos subterráneos pudieron servir para inspirar el relato.

¿HUBO REALMENTE UNA GUERRA EN TROYA?

Es posible que hayas oído hablar de la guerra de Troya, una obra de Homero donde no solo participaron héroes como Aquiles, Héctor, Paris o Áyax, ¡sino los mismísimos dioses del Olimpo! Pero ¿ocurrió de verdad?

Cuando el troyano Paris raptó a Helena, esposa del rey de Esparta, los griegos atacaron Troya para recuperarla. Tras diez años de lucha, Odiseo propuso fingir una retirada dejando a las puertas de Troya un gran caballo de madera como regalo por la victoria. Pero en el fondo era una trampa, pues dentro se escondieron varios soldados que, al caer la noche, salieron de su escondite para abrir las puertas y destruir Troya.

¿Recuerdas cómo Evans encontró el laberinto del Minotauro? Esta vez, te voy a contar cómo el arqueólogo Heinrich Schliemann descubrió Troya.

Convencido de que el relato se había basado en una guerra real, Schliemann comenzó su excavación en la costa turca del estrecho de los Dardanelos. El caso es que no encontró una ciudad, ¡sino once! ¿Qué quiere decir eso? Que en ese lugar se fueron construyendo y destruyendo asentamientos humanos durante siglos.

Hoy sabemos que una de esas ciudades, la que llamamos Troya VIIa, es la que se corresponde con el relato de Homero.

¿CUÁL ES EL ORIGEN DE LOS JUEGOS OLÍMPICOS?

Todos nosotros sabemos que cada cuatro años se celebran los Juegos Olímpicos, pero ¿sabías que tuvieron su origen en la antigua Grecia, y más en concreto en la ciudad de Olimpia?

Los griegos celebraban los Juegos Olímpicos desde el año 776 antes de Cristo en honor al dios Zeus. Además, los griegos incluyeron estas competiciones en su mitología, situando a Heracles (Hércules para los romanos) como su fundador.

> Uno de los relatos más conocidos de Heracles es el de los llamados «Doce Trabajos». En ellos, el héroe se enfrentó a distintas criaturas mitológicas de gran poder. El mito narra que, al terminarlos, Heracles estableció unas competiciones atléticas para honrar a su padre Zeus y conmemorar su victoria.

Como en la actualidad, los Juegos Olímpicos se celebraban cada cuatro años. Una de sus competiciones más importantes era el Pentatlón, donde los participantes realizaban lanzamiento de disco y de jabalina, salto de longitud, carrera de 192 metros y lucha. También había carreras de carros, boxeo e incluso concursos artísticos.

Ahora bien, recuerda que los Juegos Olímpicos se hacían en honor a Zeus. Por tanto, era un evento religioso, no solo deportivo. ¡De ahí que hubiera sacrificios y ritos a los dioses!

¿CÓMO FUNCIONABA LA DEMOCRACIA EN ATENAS?

La democracia es una forma de organizar la política que da voz a todos los ciudadanos. En este sistema, cada persona puede participar en decisiones cruciales para el país. ¡Imagina poder expresar tus ideas y votar por los líderes que más te representen! Es como elegir al delegado de clase o al representante del consejo escolar, pero ¡a lo grande! Es una forma de asegurar que nuestras voces cuentan y que nuestras decisiones forman el futuro de nuestra comunidad.

¿Cuál fue la primera democracia de la historia? Se cree que surgió en la ciudad de Atenas, entre los siglos VI y V antes de Cristo. De todos modos, aunque la polis contaba con cerca de 250.000 habitantes, solo tenía poder de decisión ¡una quinta parte!

En definitiva, la democracia en Atenas solo incluía a los hombres libres mayores de dieciocho años que fueran hijos de ciudadanos. ¡Ni mujeres, ni esclavos, ni extranjeros! Comparado con otras ciudades o reinos de su entorno, el ateniense era un sistema muy avanzado, ¿no?

> Las polis eran ciudades-Estado de la antigua Grecia. Cada una tenía su gobierno independiente y sus propias leyes. Además de su papel político, las polis eran centros económicos y culturales, siendo Atenas, Esparta, Corinto y Tebas algunas de las más importantes.

¿Y dónde se llevaba a cabo la democracia? Los ciudadanos atenienses se reunían en la Asamblea Popular, llamada Ekklesía, para votar las decisiones más importantes, aceptar o rechazar los tratados de paz, elegir a los magistrados y ¡declarar la guerra!

¿SABÍAS QUE UNA BATALLA FUE EL ORIGEN DE LOS MARATONES?

En el año 490 antes de Cristo, el ejército del rey Darío de Persia desembarcó en territorio griego con más de 20.000 soldados. ¿Su objetivo? Castigar a los habitantes de Atenas y Eretria por apoyar la rebelión jonia contra la dominación persa unos años antes.

> Jonia era una región de la antigua Grecia situada en la costa de Asia Menor. Sin embargo, en el año 546 antes de Cristo, el rey Ciro II de Persia conquistó ese territorio.

Ante la invasión de Darío, unos 10.000 atenienses y 1.000 aliados de la ciudad de Platea se desplazaron a la llanura de Maratón para enfrentarse a los persas. ¿Quién crees que ganó? Aunque llevaban todas las de perder, ¡los griegos vencieron a los más de 20.000 persas!

Fue entonces cuando Filípides, el soldado más rápido de todo el ejército, recibió la misión de comunicar la victoria a la ciudad de Atenas. Recorrió en torno a 42 kilómetros y, tras anunciar su mensaje, murió de agotamiento. Supongo que este final te habrá dejado de piedra, pero ¡no puedo mentirte e inventarme un final feliz!

En honor a la hazaña de Filípides, se estableció una nueva prueba en los Juegos Olímpicos de París del año 1908. Consistía en una carrera de larga distancia con 42,195 kilómetros, que recibió el mismo nombre que la famosa batalla: ¡maratón!

¿CUÁNTOS ESPARTANOS HABÍA REALMENTE EN LAS TERMÓPILAS?

Aunque en Maratón los persas recibieron hasta decir basta, no se dieron por vencidos en su intento por conquistar Grecia. Diez años después, el rey Jerjes, hijo de Darío, dirigió un gran ejército de más de 100.000 soldados para aplastar definitivamente a los griegos. Como ves, ¡no se andaba con bromas este Jerjes!

De nuevo, el ejército griego volvía a tener todas las de perder, pero logró detener a los persas durante tres días en el paso de Las Termópilas. Estos soldados estaban dirigidos por Leónidas, el rey de Esparta. ¿Y sabes cuántos había? ¡Tan solo 300!

En sus libros, Heródoto de Halicarnaso nos cuenta que eran 300 los espartanos que combatieron en Las Termópilas. Curiosamente nació mientras tenían lugar estas guerras entre griegos y persas, y es considerado el padre de la historia por escribir los principales acontecimientos, costumbres y leyendas de su tiempo.

De todos modos, es importante tener en cuenta que no solo había espartanos en Las Termópilas. De hecho, eran unos 5.000 griegos de lugares tan dispares como Tebas, Corinto, Arcadia, Tespia... La fama de esos espartanos se debe a que, en el tercer día de combate, su resistencia permitió que el resto escapara con vida. ¡Un sacrificio digno de héroes!

Y, hablando de héroes, ¿sabías que, según el mito, Heracles murió en ese mismo lugar? Fue por ese motivo por lo que los griegos consideraban que esa era la entrada a su tierra. Interesante, ¿verdad?

¿QUIÉN PRONUNCIÓ LA CÉLEBRE FRASE «SOLO SÉ QUE NO SÉ NADA»?

Es probable que te suene el nombre de Sócrates, pero ¿qué sabes de él? A pesar de que el filósofo no dejó nada por escrito, su influencia ha sido inmensa en la historia.

> La filosofía es la reflexión del ser humano ante las preguntas fundamentales sobre la existencia, el universo y la ética. Los filósofos más antiguos que conocemos son los pensadores griegos de los siglos VI y V antes de Cristo, entre los que se encontraba Sócrates.

¿Cómo nos han llegado sus enseñanzas si no escribió nada? La respuesta es sencilla: a través de sus discípulos Platón y Jenofonte. Gracias a ellos conocemos el «método socrático», que consistía en buscar la verdad haciéndose preguntas a uno mismo y a los demás.

Sócrates también enseñaba que debemos ser justos y respetuosos con otras personas, ¡incluso si no estamos de acuerdo con ellas! Pensaba que era importante escucharlas para entender sus puntos de vista, pues dentro de cada humano había elementos de verdad y bondad.

Las ideas de Sócrates eran tan revolucionarias que terminó siendo juzgado y condenado a muerte. ¿Sorprendido? Aún hay más. Según Platón, tuvo la posibilidad de escapar y salvar su vida, ¡pero la rechazó! Su maestro consideró que debía respetar las leyes de la polis, pues eso es lo que siempre había enseñado.

¿QUIÉN ES EL GENERAL MÁS FAMOSO DE LA HISTORIA?

¿Te suena Alejandro Magno? Fue el hijo del gran Filipo II y el general más famoso del mundo.

Tuvo como maestro a uno de los hombres más sabios de la antigua Grecia: Aristóteles. ¿Te acuerdas de Platón? Pues Aristóteles fue su mejor discípulo.

Su padre le encomendó el mando de la caballería en la batalla de Queronea con solo ¡dieciocho años! Esa victoria les permitió controlar toda Grecia, aunque el gran proyecto del rey era atacar al Imperio persa.

Filipo II murió envenenado y su hijo, con tan solo veinte años, pasó a convertirse en Alejandro III de Macedonia. En el año 334 antes de Cristo, Alejandro inició la conquista del Imperio persa y logró que Darío III de Persia huyera en el golfo de Issos. Tras este gran triunfo, se dirigió a Egipto, donde fue proclamado ¡faraón! En el 331 antes de Cristo, volvió a vencer a Darío en la batalla de Gaugamela y ¡dominó el Imperio persa!

Alejandro Magno no pudo convencer a su ejército para seguir con sus conquistas más allá del río Indo. Murió agotado el 323 antes de Cristo en Babilonia. Tenía treinta y dos años, ¡pero pasó a ser inmortal!

¿CÓMO SE DIVIDIÓ EL IMPERIO DE ALEJANDRO MAGNO?

Después de leer sobre las hazañas de Alejandro Magno, quizá te hayas preguntado sobre quién heredó ese enorme imperio, ¿verdad? Debes tener en cuenta que el macedonio murió muy joven y que se había pasado media vida guerreando, de modo que, a su muerte, solo había dejado un bebé como posible sucesor.

Como ya habrás imaginado, a nadie se le ocurrió poner al pequeño Alejandro IV al frente de todo. Aunque se nombró tutor a Crátero, uno de los generales de su padre, sus esfuerzos fueron inútiles.

El resto de los generales de Alejandro Magno empezaron a guerrear por los restos del imperio. Además, unos años antes de alcanzar Alejandro IV la mayoría de edad, uno de ellos se encargó de envenenarlo.

Tras la muerte de Alejandro Magno, se formaron cuatro grandes estados: en la parte más occidental, Antígono fundó el reino de Macedonia y Grecia; mientras que Seleuco gobernaba la más oriental, formada por Anatolia, Siria, Mesopotamia y Persia. Parte de Asia Menor quedó en manos de Filetero, que fundó el reino de Pérgamo; y, por último, Ptolomeo se hizo con el control de Egipto.

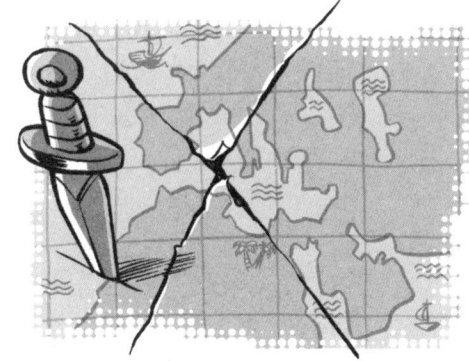

Este último enterró a Alejandro Magno con todos los honores en la ciudad egipcia de Alejandría. Pasado el tiempo esa tumba se perdió, pero muchos gobernantes y generales la visitaron durante siglos.

¿CUÁLES SON LAS SIETE MARAVILLAS DEL MUNDO ANTIGUO? (1)

En un poema escrito en el siglo ii antes de Cristo, Antípatro de Sidón mencionó por primera vez las siete maravillas del mundo, construcciones muy famosas por su gran tamaño y belleza. Y no te confundas, ¡no son las que conocemos hoy día! Pero Antípatro no viajó por todo el mundo para verlas; en realidad, solo visitó algunas de ellas. Conoció las otras gracias a los relatos de viajes de personas como Heródoto de Halicarnaso y Filón de Bizancio.

Supongo que estás ansioso por saber cuáles son esas construcciones, ¿verdad? Después de todo, aunque el nombre del poeta es de lo más curioso, no estamos aquí para hablar de él.

En el siglo xxvi antes de Cristo, durante el reinado del faraón Keops, se construyó la más antigua de las maravillas: la pirámide de Guiza. Tal vez la recuerdas de algún capítulo previo. Lo que quizá no sepas es que es la única de las siete que se mantiene en pie. Tristemente, las otras seis fueron destruidas.

Seguro que también recuerdas Babilonia, ciudad de Mesopotamia donde gobernó Hammurabi. Allí se levantaron los Jardines Colgantes. Sin embargo, no fue este el rey que ordenó esa grandiosa obra, sino Nabucodonosor II, en el siglo vi antes de Cristo.

¿CUÁLES SON LAS SIETE MARAVILLAS DEL MUNDO ANTIGUO? (2)

A la par que los babilonios construyeron sus impresionantes terrazas llenas de plantas, en Éfeso edificaron un enorme templo dedicado a la diosa Artemisa. Y menos de cien años después, en la ciudad de Olimpia, el famoso escultor Fidias talló una gigantesca estatua de Zeus.

Viajando ahora a Halicarnaso, ciudad donde nació Heródoto, descubrimos la quinta maravilla. Allí, en el siglo IV antes de Cristo, se construyó una enorme tumba en honor al rey Mausolo. No te diré más por ahora, ¡pero en la siguiente página vamos a explorar en detalle la historia del mausoleo de Halicarnaso!

Las últimas maravillas son del siglo III antes de Cristo, y tienen mucho que ver con el mar y con los marineros. En la isla de Rodas, justo en entrada del puerto, se erigió una enorme estatua de bronce en honor al dios del Sol, Helios.

Mientras tanto, en Alejandría, los egipcios habían construido un faro gigantesco que se alzaba a más de ¡cien metros de altura! Este faro no solo ayudaba a los marineros a encontrar su camino, sino que también era un símbolo del poder de la ciudad.

Con estas dos maravillas, el coloso de Rodas y el faro de Alejandría, completamos las siete maravillas del mundo antiguo. Esta lista es tan interesante que hemos necesitado dos páginas. ¿Crees que valió la pena?

¿CUÁNTAS TONELADAS PESA EL AMOR? (1)

En el siglo IV antes de Cristo, Halicarnaso era una ciudad griega muy importante en la costa de Asia Menor. Por aquel entonces, estaba gobernada por Mausolo y su esposa Artemisia, una pareja inteligente y profundamente enamorada.

Parece que el rey era un hombre previsor, pues desde joven empezó a construir su propia tumba. Pero Mausolo también era ambicioso, así que imaginó un monumento enorme que recordara su reinado. No te voy a hacer spoiler porque sabes cómo termina esta historia, ¿verdad? Exacto, con una de las siete maravillas del mundo antiguo que describimos en las páginas anteriores.

Desafortunadamente, el rey murió de manera repentina en el año 353 antes de Cristo, dejando la construcción de su tumba incompleta. Fue entonces cuando Artemisia tomó el control de la situación. A pesar de estar muy triste por la pérdida de su esposo, la reina decidió convertir el proyecto de Mausolo en un monumento grandioso en su memoria y como símbolo del amor que compartían.

Gracias a Artemisia, el mausoleo de Halicarnaso se convirtió en una enorme estructura que casi llegaba a los 50 metros de altura. La reina también ordenó que se decorara con esculturas, relieves, columnas y capiteles ricamente tallados. Fue su forma de expresar su amor: construir un edificio monumental con toneladas de piedra y mucho talento artístico.

¿CUÁNTAS TONELADAS PESA EL AMOR? (2)

Mumtaz Mahal era una joven muy hermosa e inteligente de la India. Estas cualidades hicieron que el emperador Shah Jahan se enamorara profundamente de ella.

Como le había pasado a Mausolo, la muerte también llegó de forma inesperada a Mumtaz Mahal. La esposa del emperador abandonaba este mundo con treinta y ocho años, dejando a su marido sumido en el más profundo de los dolores. Pero los paralelismos entre la reina de Halicarnaso y el emperador de la India continúan. Shah Jahan también decidió honrar la memoria de su amada con un monumento impresionante que seguramente conozcas: el Taj Mahal.

Shah Jahan escogió la orilla del río Yamuna, a su paso por la ciudad de Agra, como emplazamiento para la construcción. Con la ayuda de muchos arquitectos, diseñó un hermoso edificio hecho de mármol blanco. Estaba decorado con piedras preciosas incrustadas, pinturas murales en las paredes y diseños de flores y formas geométricas.

Veinte años después de la pérdida de su amada, el emperador Shah Jahan completó el Taj Mahal, una obra de arte en la que miles de obreros y artesanos habían trabajado arduamente. Una vez más, el amor convirtió toneladas de materiales en un mensaje capaz de perdurar más allá de la vida de sus protagonistas.

¿CUÁL ES EL ORIGEN DE ROMA?

¿Recuerdas nuestra historia sobre la guerra de Troya? Después del desastre con el caballo, un héroe llamado Eneas logró escapar a Italia.

Con el paso del tiempo, sus descendientes fundaron y gobernaron la ciudad de Alba Longa. Pero pronto comenzaron las rivalidades entre ellos. El rey Numitor fue destronado por su hermano Amulio, quien también encerró a su sobrina Rea Silvia para que no tuviera hijos que pudieran disputarle el trono en un futuro.

Cuenta la leyenda que el dios Marte visitó a Rea Silvia en su celda, y de esa unión nacieron dos gemelos: Rómulo y Remo. Por orden de Amulio, los bebés fueron abandonados en el bosque. Pero, según el mito, una loba llamada Luperca los encontró y los cuidó como si fueran sus propios cachorros, amamantándolos y protegiéndolos. Luego, fueron descubiertos por un pastor, quien los crio hasta que se convirtieron en adultos.

Al final, Rómulo y Remo se trasladaron a Alba Longa para hacer justicia. Devolvieron el trono a Numitor y liberaron a su madre. Aunque eran nietos del rey, decidieron no quedarse allí y fundar una nueva ciudad: Roma.

Pero el mito no concluye con la fundación de la ciudad en el 753 antes de Cristo, sino con una disputa entre los hermanos que culminó con la muerte de Remo. Así, Rómulo se convirtió en el único rey de Roma.

¿QUIÉNES ERAN LOS ESCLAVOS DEL MUNDO ANTIGUO?

Por suerte, en nuestra sociedad está prohibido tener esclavos. Pero en el mundo antiguo la esclavitud era una realidad totalmente normal.

Seguramente sabes qué es un esclavo, pero, por si acaso, vamos a explicarlo. A grandes rasgos, son personas que no pueden elegir libremente qué hacer, pues otros deciden por ellas. Se consideran propiedades y, a veces, son tratadas como cosas.

Los esclavos podían dedicarse a numerosas tareas: servir en las casas, realizar actividades agrícolas, cuidar a los animales, trabajar en las minas… Además, si tenían cultura y conocimientos, podían ser maestros de los hijos de sus dueños.

Es probable que te estés preguntando cómo llegaban esas personas a convertirse en esclavos, ¿no? Bueno, muchas veces eran capturadas en guerras. De hecho, cuando había una batalla, ¡los vencedores esclavizaban a los derrotados!

Además, una persona podía terminar como esclava si no podía pagar lo que debía o si cometía un delito muy grave. Y, en muchas culturas, la esclavitud se pasaba de padres a hijos. Esto significa que, si nacías en una familia de esclavos, ¡también serías uno!

La esclavitud era fundamental para la economía de algunas sociedades antiguas como Mesopotamia, Egipto, Grecia y Roma. Pero el trato que recibían los esclavos varió mucho según el lugar y la época.

¿CÓMO LLEGARON LOS GALOS A SAQUEAR ROMA?

Ahora que sabemos más sobre los esclavos, volvamos a la ciudad de Rómulo. En los siglos que siguieron a la fundación de Roma, su poder no dejó de crecer. Los romanos conquistaron las tierras del centro de Italia, ¡y parecía que nadie podría detener a sus ejércitos! Pero, aunque se pensaba que Roma estaba protegida por los dioses, pasó por un momento muy difícil en el año 390 antes de Cristo. Un acontecimiento que marcó su historia para siempre.

Los romanos se sentían muy seguros de su fuerza militar, pero entonces apareció una tribu de galos en la frontera norte: los senones, liderados por un temible guerrero llamado Breno. Al principio, en Roma pensaron que sería fácil vencerlos. Pero en la batalla del río Alia, a solo once kilómetros de la ciudad, ¡los galos derrotaron a las legiones romanas!

Roma quedó completamente indefensa ante el ejército de Breno. Esto permitió que los galos saquearan la ciudad durante varios días sin que los romanos pudieran detenerlos. No solo robaron en los templos y las casas, sino que también destruyeron muchos edificios importantes.

La derrota contra Breno y sus senones fue un evento humillante en la historia de Roma. Después de eso, la ciudad no volvió a ser conquistada por ningún enemigo ¡hasta siete siglos después!

¿LAS VICTORIAS PUEDEN SER DERROTAS?

A principios del siglo III antes de Cristo, los romanos atacaron la ciudad de Tarento. Tal vez pensaban que sería una guerra contra un enemigo menor, como las anteriores. Sin embargo, se equivocaron, y pronto entenderás por qué.

Los tarentinos no era italianos, sino colonos griegos. Por ese motivo, recurrieron a un poderoso reino de Grecia: Epiro. ¿Y quién era el rey de Epiro en ese momento? Nada menos que Pirro, uno de los mejores militares de su tiempo. Roma calculó mal y, sin quererlo, ¡había metido la cabeza en un avispero!

Aunque Pirro logró ganar la mayoría de las batallas, cinco años después se vio obligado a retirarse. Estas victorias, obtenidas a un coste tan alto en vidas y recursos materiales, resultaron ser casi tan perjudiciales como las derrotas. De ahí que al final el ejército de Epiro quedara contra las cuerdas.

> No sabemos si es leyenda o realidad, pero se cuenta que Pirro en una ocasión comentó a sus generales: «Otra victoria como esta y estaremos perdidos». Por eso llamamos «victorias pírricas» a aquellos éxitos que, en el fondo, no compensan el esfuerzo hecho para alcanzarlos.

Mientras el ejército de Pirro se iba reduciendo en cada una de sus victorias, Roma resistía firme, y se enfrentó con éxito a su primer gran desafío.

¿QUIÉN FUE EL MAYOR ENEMIGO DE LOS ROMANOS?

Cuando Pirro regresó a Epiro, los romanos se quedaron con el sur de Italia. Pero en el norte de África había otro estado muy poderoso llamado Cartago que también quería controlar esa tierra. La inevitable guerra contra los romanos comenzó en el año 264 antes de Cristo.

Tras casi veinte años, los romanos vencieron en la Primera Guerra Púnica contra Cartago. Los cartagineses buscaron nuevos lugares para conquistar, entre ellos, la península ibérica. El general Amílcar Barca comenzó su conquista. ¿Y sabes quién era su hijo? Aníbal, considerado el mayor enemigo de Roma.

Con el tiempo, heredó el poderoso ejército de Amílcar y no tardó en usarlo contra el eterno enemigo de Cartago: Roma. En el año 218 antes de Cristo, comenzó la Segunda Guerra Púnica.

El ejército de Aníbal cruzó los Pirineos y los Alpes, hazaña que dejó boquiabiertos a sus enemigos. Cuando llegó a Italia, derrotó de forma contundente a los romanos en las batallas de Trebia, Trasimeno y Cannas. Roma estaba completamente desprotegida frente a Aníbal, ¡pero él decidió no atacar la ciudad!

Durante casi quince años, el general cartaginés estuvo en Italia venciendo a los romanos. Pero al final, tuvo que regresar al norte de África porque Roma había enviado a su mejor general a la mismísima Cartago: Publio Cornelio Escipión.

¿CONVERSARON REALMENTE ANÍBAL Y ESCIPIÓN?

Mientras Aníbal ganaba batallas contra los romanos en Italia, Publio Cornelio Escipión acabó con el dominio de Cartago en la península ibérica. Además, se esforzó por hacer pactos con las tribus íberas para que se unieran a Roma.

Una vez dominó la península, Escipión fue al norte de África para poner en jaque a Cartago, la capital de sus enemigos. Esto forzó a Aníbal a dejar Italia en el 203 antes de Cristo y enfrentarse a los romanos en Zama. Fue uno de los combates más grandes de la historia de Roma, y acabó con la victoria de Escipión. Con esa batalla, la Segunda Guerra Púnica llegó a su fin.

¿Te acuerdas del templo de Artemisa? Era una de las siete maravillas del mundo antiguo, y estaba en Éfeso. Años después de la batalla de Zama, Escipión y Aníbal se encontraron en esa misma ciudad y charlaron de manera amistosa. A fin de cuentas, eran viejos generales que se tenían mucho respeto.

No estamos seguros de qué hablaron exactamente. Pero según la leyenda, Escipión le preguntó al cartaginés quién era el mejor general de la historia. Aníbal, sin dudarlo, respondió que Alejandro Magno. Además, mencionó a Pirro de Epiro como el segundo y… ¡se colocó a sí mismo como el tercero!

¿CÓMO ERA EL OFICIO DE GLADIADOR?

Seguro que te suenan los gladiadores de la antigua Roma, pero ¿qué conoces sobre estos héroes de la lucha?

¡Imagina las gradas llenas de gente y, abajo en la arena, a los gladiadores luchando entre sí o contra animales salvajes! Un ruido muy fuerte, con los gritos del público y los rugidos de los animales, inunda el lugar. Y mientras, bajo el sol abrasador de Roma, estos valientes luchan por sobrevivir.

No todos los gladiadores eran iguales. Unos eran prisioneros de guerra, otros esclavos y, sorprendentemente, ¡algunos elegían ser gladiadores! Pero todos tenían algo en común: entrenaban muy duro para aprender a usar diferentes armas en la batalla. Usaban espadas, escudos, tridentes ¡y hasta redes para atrapar a sus oponentes!

En la arena, luchaban hasta que uno de ellos ganaba. Y mientras tanto, el público en las gradas no dejaba de gritar, de sorprenderse con los movimientos de los gladiadores y, sobre todo, de animar a su favorito con todas sus fuerzas.

Aunque pueda parecerte emocionante, era muy peligroso. Muchos resultaban heridos o peor aún: perdían la vida. Pero algunos se volvían famosos e, incluso, ganaban su libertad si luchaban realmente bien. Entonces ¿te atreverías a ser un gladiador en la antigua Roma?

UN ESCLAVO, ¿LÍDER DE UN EJÉRCITO?

¿Cómo es posible que un esclavo acabe liderando un ejército? Te hablo de Espartaco, al que capturaron y vendieron como esclavo. Como era fuerte y joven, lo obligaron a pelear en la arena de Capua, una ciudad en el sur de Italia. Pero, un día, decidió escapar con otros gladiadores.

Juntos vencieron a los guardias y luego se escondieron en los bosques cercanos. Y atención: ¡más esclavos se unieron a ellos, hasta formar un gran ejército!

A partir de ese momento, Espartaco pasó a ser el líder de una gran rebelión. Era un grupo de personas que luchaban por su libertad contra los poderosos romanos. ¡Y vaya que dieron pelea! Durante casi tres años, se enfrentaron a los soldados que Roma mandó contra ellos.

¿Quieres saber en qué batallas derrotó a los romanos? La primera gran victoria de Espartaco fue en Mutina, en el 72 antes de Cristo. Un año después, volvía a sorprender a los ejércitos de Roma en Piceno y Cluentio. Sin duda, fue toda una hazaña.

Pero como en las mejores historias, la lucha de Espartaco llegó a su fin en el año 71 antes de Cristo. Roma mandó un poderoso ejército liderado por sus mejores generales: Craso, Lúculo y Pompeyo. Los esclavos no pudieron hacer frente a esa amenaza, y así terminó la gran rebelión. Se dice que Espartaco murió en la batalla, aunque nunca encontraron su cuerpo.

¿CONOCES EL VERDADERO NOMBRE DEL COLISEO?

Seguro que has oído hablar del Coliseo de Roma, pero ¿sabías que ese no es su nombre real? El emperador Tito lo inauguró en el año 80 después de Cristo con el nombre de «anfiteatro Flavio». Se llamó así en honor a la familia Flavia, que gobernaba el Imperio romano en ese tiempo y a la que pertenecía el propio Tito.

¿Sabías que al principio el nombre «Coliseo» no tenía nada que ver con el edificio en sí? Se cuenta que cerca del anfiteatro Flavio había una estatua gigantesca del emperador Nerón, ¡y se cree que era tan alta como un edificio de tres pisos!

Como estaba bastante cerca de la estatua, con el tiempo los romanos empezaron a llamar «Coliseo» al anfiteatro Flavio. Es una historia interesante, ¿verdad? Sobre todo, porque la familia Flavia construyó ese edificio para ganar prestigio, pero al final el nombre se cambió por un emperador de otra dinastía. Irónico, ¿cierto?

> Después de un tiempo, los emperadores de la familia Flavia decidieron cambiar la cabeza de Nerón por la del dios del Sol. ¿Te imaginas cómo se vería? Un siglo más tarde, otro emperador decidió poner su propia cabeza en la estatua, haciéndose pasar por Hércules. Como ves, a los romanos les gustaba jugar con sus estatuas y, a veces, se les ocurrían ideas muy locas.

¿CÓMO SE SALVÓ JULIO CÉSAR DE LOS PIRATAS?

No hace falta que te diga quién es Cayo Julio César, uno de los políticos y generales más talentosos de la historia. Pero es probable que no conozcas una aventura suya en el mar Egeo... ¡con piratas!

Cuando el romano tenía veinticinco años, viajó en barco a Rodas, Grecia. Durante la travesía, un peligroso grupo de piratas atacó su barco. ¡Estos eran conocidos por no dejar a nadie con vida! Sin embargo, el joven César fue muy astuto, pues dijo al capitán que podían obtener mucho dinero si lo mantenían con vida.

Julio César pasó varias semanas como prisionero de los piratas mientras su familia reunía un gran rescate para liberarlo. Cuando consiguieron el dinero, lo entregaron a cambio de la libertad del joven romano.

Después de ser liberado, ¡César no se olvidó de los piratas! Cuando llegó a Grecia, organizó una gran flota de barcos y regresó a la isla donde estaban aquellos que lo habían tenido cautivo. Los piratas no se esperaban esto, y César, junto con muchos hombres armados, los atacó.

Así fue como Julio César derrotó a los piratas, los capturó y recuperó todo el dinero del rescate por su libertad. ¡Esta aventura mostró lo valiente e inteligente que era desde joven!

¿QUIÉN FUE EL PRIMER EMPERADOR DE ROMA?

¿Recuerdas a Rómulo? Al primer rey de Roma lo siguieron muchos más hasta que Tarquinio, el último rey, fue destronado en el año 509 antes de Cristo. Aquí comenzó una nueva era para Roma: la República.

Este orden político se alargó durante casi cinco siglos más, hasta la época de Octavio Augusto. ¿Y sabes quién era? ¡El sobrino e hijo adoptivo de Julio César!

Con la muerte de César en el año 44 antes de Cristo, el poder en Roma quedó en manos de varios líderes, como Marco Antonio y el propio Octavio. Durante un tiempo ambos se repartieron el gobierno de los territorios, pero todo cambió cuando Marco Antonio reconoció como heredero al hijo que Julio César había tenido con Cleopatra VII.

Entonces se armó la de Troya y estallaron varias guerras civiles. ¿Quién crees que ganó? ¡Octavio derrotó a Marco Antonio en la batalla de Accio del 31 antes de Cristo! Cuatro años después, siendo líder indiscutible de Roma, el Senado le concedió el título de «Augusto», que significa «el Venerable».

Octavio gobernó durante más de cuarenta años. Aunque nunca se autodenominó emperador, sino primer ciudadano, realmente ejerció el poder imperial. Por eso lo consideramos el primer emperador de Roma.

¿Y EL ÚLTIMO?

Roma entró en crisis en el siglo III después de Cristo. Pero ¿sabes qué? ¡Siguió siendo poderosa durante doscientos años más! Finalmente, el 4 de septiembre del 476, el rey germano Odoacro depuso al joven emperador Rómulo Augústulo; lo que básicamente significó el final del Imperio romano.

Realmente, el joven emperador nunca tuvo mucho poder. Cuando apenas tenía diez años, su padre Orestes logró que fuera coronado para, así, gobernar el Imperio a través del niño. Pero la situación se complicó menos de un año después: unos germanos liderados por Odoacro derrotaron a Orestes y encerraron a Rómulo en una fortaleza en el sur de Italia.

Después de aquello, no sabemos mucho sobre el joven emperador. Tenemos algunos documentos que dicen que aún estaba vivo en el año 510. Por tanto, pasó más de treinta años viviendo en esa fortaleza. Pero, para ese entonces, el Imperio que había gobernado ya no existía.

Sin embargo, te voy a contar ahora mismo un secreto: realmente, Roma no desapareció con Rómulo Augústulo. ¿Quieres saber más? Tienes más información en las siguientes páginas.

¿QUÉ REINA SE ENFRENTÓ AL PODER DE ROMA?

Boudica fue una valiente y feroz reina guerrera que vivió en el sur de Britania, lo que hoy conocemos como Inglaterra. Nació alrededor del año 30 después de Cristo y se convirtió en reina tras casarse con el rey Prasutagus de los icenos, una tribu celta de esa región.

Boudica es recordada por su gran rebelión contra los romanos. ¿Por qué se enfrentó al mayor imperio de su tiempo? Las legiones romanas habían conquistado gran parte de Britania unos años antes, y su relación con la tribu de Prasutagus era amistosa. Sin embargo, al morir el rey, los romanos tomaron el control de su territorio y maltrataron a Boudica y a sus hijas.

Enfurecida por ese trato injusto y humillante, Boudica decidió luchar. En el año 60 después de Cristo, reunió un gran ejército con la ayuda de otras tribus que también estaban descontentas con los romanos. Juntos atacaron las principales ciudades romanas, incluyendo Londinium, la actual Londres.

Aunque al principio tuvieron éxito, finalmente los romanos lograron detener a Boudica en una gran batalla. No sabemos con certeza qué pasó con ella después, pero probablemente murió en la lucha, en la que mostró, como siempre, su gran coraje.

¿POR QUÉ SE DIVIDIÓ EL IMPERIO ROMANO?

Al principio, el Imperio romano era un gigante que abarcaba desde las tierras soleadas del Mediterráneo hasta los fríos bosques del norte de Europa. Con el tiempo, este vasto territorio se volvió un problema para los emperadores. Gobernar desde Roma era muy complicado, ya que las distancias eran enormes y cada región tenía necesidades diferentes que exigían atención rápida.

En el año 285 después de Cristo, el emperador Diocleciano propuso una solución interesante: decidió que gobernaría solo la parte oriental del Imperio romano, y dejó que su amigo Maximiano cuidara de la occidental. De este modo, Roma quedó separada en dos partes aliadas entre sí, ¡cada una con su propio emperador!

Después de Diocleciano, otros emperadores como Constantino intentaron unir el Imperio romano. Pero la mayoría pensó que mantener la división era lo mejor para gobernar de manera más eficiente. Y así fue como, desde el año 395, la parte oriental y la occidental quedaron separadas para siempre.

¿Recuerdas la historia de Rómulo Augústulo? Bueno, en realidad no fue el último emperador, ya que solo gobernaba una parte del Imperio. La oriental, con capital en Constantinopla, continuó existiendo durante casi mil años más. Sobre eso hablaremos más adelante.

¿CÓMO PASAR DE CAMARERA A EMPERATRIZ?

La infancia de Elena no fue en absoluto sencilla. Nació a mediados del siglo III en la provincia romana de Bitinia, en una familia modesta. Debido a esto, tuvo que empezar a trabajar desde muy joven en tareas duras y muy difíciles. De hecho, se piensa que conoció a Constancio Cloro mientras trabajaba en un mesón de un rincón perdido del Imperio romano, se enamoraron y se casaron.

¿Quién era Constancio? En aquel momento, un simple soldado de Roma. Con el tiempo, por contra, fue mejorando su estatus dentro del ejército hasta convertirse en un importante general. Y, como en aquel entonces Roma tenía cuatro emperadores, ¡Constancio llegó a ser uno de ellos!

Por desgracia, eso no cambió la suerte de Elena. La gente de la época no veía bien que un emperador estuviera con alguien tan pobre y humilde, así que Constancio tuvo que abandonar a su esposa. No obstante, tuvieron un hijo: Constantino. Y aunque Elena era pobre, ¡también era muy inteligente! A partir de ese momento, todas sus esperanzas se centraron en ese pequeño niño, al que educó para que un día gobernara Roma.

Al final, Constantino llegó a ser el único emperador de Roma y su madre una emperatriz respetada y admirada. De hecho, Elena fue fundamental para que en el Imperio romano se dejara de perseguir a los cristianos por sus creencias.

¿DÓNDE SE FUNDÓ LA «SEGUNDA ROMA»?

Sobre la antigua ciudad griega de Bizancio, los romanos decidieron edificar una «segunda Roma». ¿Adivinas cómo la llamaron? ¡Constantinopla! Le pusieron ese nombre en honor al emperador Constantino el Grande, quien trasladó allí la capital del Imperio en el año 330 después de Cristo.

Con el tiempo, Constantinopla se convirtió en una ciudad maravillosa. Su fundador fue muy inteligente al elegir ese lugar: estaba justo en el estrecho del Bósforo. ¿Qué significa eso? Que estaba entre dos continentes: Europa y Asia. Por eso, ¡era perfecta para el comercio y para protegerse en caso de guerra! Además, la ciudad estaba llena de calles, plazas, palacios e iglesias muy bonitas.

Durante años, Constantinopla fue la capital de la parte oriental del Imperio romano, así como la ciudad más rica y poblada de toda Europa. Pero en el año 1453, unos enemigos muy poderosos llegaron a sus puertas: los otomanos. Aunque en el pasado había resistido ataques de godos, hunos, árabes y búlgaros, entre otros, ¡la ciudad terminó cediendo ante el ejército del sultán Mehmed II!

Desde entonces, Constantinopla cambió su nombre a Estambul. Conservó muchos edificios de los antiguos romanos, a los que se añadieron grandes basílicas medievales y construcciones otomanas. ¡Caminar por sus calles es como un viaje en el tiempo!

¿REALMENTE EXISTIÓ UNA EMPERATRIZ QUE CEGÓ A SU HIJO?

Irene de Atenas fue una importante emperatriz que gobernó el Imperio romano de Oriente desde Constantinopla. Al principio era solamente la esposa del emperador León IV, pero, con su muerte, pasó a gobernar en nombre de su hijo Constantino VI.

Irene demostró ser una persona influyente y bien preparada para mandar. Por ese motivo no le resultó complicado manejar los asuntos del gobierno mientras su hijo era un niño. Sin embargo, cuando este creció, la emperatriz se mostró poco dispuesta a dejar el poder.

En el año 797, cuando Constantino tenía veintiún años, Irene puso en marcha una conspiración para retener el gobierno: mandó detener a su hijo, que fue seguidamente encarcelado y cegado. Más valía tener a Irene como amiga, pues no se andaba con bromas.

Durante el tiempo que fue emperatriz, tuvo un gran impacto en cómo la gente practicaba su religión. En el Imperio, algunas personas creían que era correcto adorar imágenes religiosas, mientras que otras pensaban que eso estaba mal. Esta diferencia causó muchos problemas.

Entonces, Irene reunió a un grupo de sacerdotes y les dijo que apoyaba a los que creían correcto adorar las imágenes religiosas. Después, aprovechando el poder que tenía, hizo que sus órdenes se cumplieran en todo el Imperio.

¿POR QUÉ LOS PAPAS ESTÁN EN ROMA?

Roma es como un cofre del tesoro lleno de historia que todavía sigue brillando. Aunque el Imperio dejara de existir, la ciudad siguió siendo un lugar muy importante por motivos religiosos. ¿Sabías que en Roma vive el jefe máximo de la Iglesia católica? En efecto, el papa o sumo pontífice. Es como el líder de un equipo, pero no de fútbol, sino como guía de millones de personas en su fe.

En los primeros siglos después de Cristo, había otros muchos lugares importantes para la Iglesia, los cinco «patriarcados»: Constantinopla, Antioquía, Jerusalén, Alejandría y la propia Roma. Con el tiempo, algunos desaparecieron, pero Roma mantuvo su importancia. Esto hizo que el papa fuera aún más respetado y considerado la cabeza indiscutible del cristianismo.

De todos modos, Roma es importante para los cristianos por otro motivo: según la Biblia, Jesús eligió a Pedro como uno de sus discípulos más importantes. Lo llamó el primero entre los apóstoles, lo que significa que fue como su mano derecha.

Después, Pedro viajó hasta Roma y vivió allí durante un tiempo. Desafortunadamente, perdió la vida bajo la persecución del emperador Nerón. Por eso, se cree que el líder de la Iglesia romana, el papa, ¡es el sucesor de Pedro!

¿CÓMO SE ELIGE AL PAPA?

Acabamos de descubrir por qué la máxima autoridad de la Iglesia está en Roma, pero ¿te has preguntado alguna vez cómo se elige al papa? Es un proceso muy interesante, ¡vayamos a descubrirlo!

Primero, debes saber quiénes son los cardenales, personas muy muy importantes dentro de la Iglesia. Algunos viven en Roma y otros están en diferentes países del mundo. Son algo así como los ayudantes especiales del papa.

Cuando el papa fallece o decide retirarse, los cardenales se reúnen en el Vaticano para elegir a su sucesor. Este evento se llama «cónclave», que significa «con llave», porque los cardenales permanecen encerrados hasta tomar una decisión. Durante esos días, rezan, hablan y votan para elegir al mejor candidato. Y debes saber que no es un proceso fácil, pues han de pensar mucho y discutir para encontrar a la persona más adecuada para ser el nuevo papa.

Cuando finalmente eligen a alguien, se hace una señal muy especial. ¿Te gustaría saber cuál es? Se quema una mezcla de paja y productos químicos en una chimenea, lo que hace que salga humo blanco. Cuando este se ve en el exterior, sabemos que se han puesto de acuerdo.

Así es como los cardenales eligen al papa, siguiendo una tradición muy antigua y especial.

¿CÓMO LLEGARON LOS VISIGODOS A HISPANIA?

La historia de los godos empezó en la fría Escandinavia, entre los siglos II y III después de Cristo. En ese entonces, emprendieron un viaje muy largo que los llevó a unas tierras cerca del río Danubio. ¿Sabes quiénes vivían al otro lado de ese río? Exacto, los romanos.

Pero la aventura de los godos no terminó ahí: en el año 376 después de Cristo, atravesaron el Danubio, ¡una hazaña impresionante! Y dos años más tarde, vencieron al ejército del emperador Valente en Adrianópolis.

Después de la victoria, este pueblo se dividió en dos grupos: el de los visigodos, que decidieron seguir viajando hacia el oeste, y el grupo de los ostrogodos, que prefirieron quedarse en el este.

En el año 409, liderados por el rey Alarico, los visigodos llegaron a saquear la mismísima Roma. Al ver que el Imperio romano estaba muy debilitado, decidieron sacar provecho de la situación. ¿Sabes qué hicieron? Se fueron a Hispania, que se convirtió en su hogar durante casi trescientos años.

Hispania era el nombre que los romanos dieron a la península ibérica. Llegaron a este territorio durante las guerras púnicas y terminaron de conquistarlo en el año 19 antes de Cristo. Con el tiempo, se convirtió en una importante provincia del Imperio, ie incluso algunos emperadores nacieron allí!

¿DÓNDE SURGIÓ EL ISLAM?

A finales del siglo VI después de Cristo nació en Arabia un hombre muy especial: Mahoma. Creció en La Meca, donde estaba el santuario de la Kaaba. ¿Sabes qué tenía de particular? Una piedra negra muy grande y misteriosa que atraía a mucha gente curiosa, porque ¡se creía que venía del cielo!

Mahoma bien podría haber sido un habitante más de la ciudad. Sin embargo, algo extraordinario sucedió: cuando tenía cuarenta años, un ángel se le apareció y le reveló que Alá era el único Dios. Este suceso cambió por completo su vida y, desde entonces, se dedicó a contar a la gente cómo vivir de forma buena y justa, según las enseñanzas de Alá.

Al principio, muchos no le creyeron, ¡incluso algunas personas querían hacerle daño! Entonces, Mahoma y sus seguidores se fueron a una ciudad cercana llamada Medina para estar seguros. Allí su comunidad comenzó a crecer porque más y más personas querían escuchar sus palabras y seguir sus enseñanzas.

Mahoma murió cuando tenía unos sesenta años, pero dejó sus enseñanzas en un libro llamado Corán. ¿Te suena? Después de su muerte, otros líderes continuaron compartiendo la nueva religión. Esto hizo que el islam se extendiera por muchas partes del mundo, llegando a diferentes países y comunidades.

¿CUÁL ES EL ORIGEN DEL CALIFATO DE CÓRDOBA?

¿Recuerdas a los visigodos? Llegaron a la península ibérica en el siglo v y establecieron un reino muy importante con capital en Toledo. Pero todo dio un giro en el año 711: un ejército musulmán dirigido por Tariq ibn Ziyad los derrotó en la batalla de Guadalete. Esto cambió el rumbo de la historia y marcó el comienzo del islam al otro lado del estrecho de Gibraltar.

Así fue como la antigua Hispania cambió su nombre por al-Ándalus y pasó a estar bajo el control de un representante del califa de Damasco. Pero ¿sabes qué era un califa? El jefe máximo del mundo musulmán, el cual se creía que era el sucesor de Mahoma.

Años después, un hombre llamado Abderramán decidió hacer algo sorprendente: se proclamó califa y construyó un gran palacio en Córdoba. Esto significaba que al-Ándalus ya no dependía de una autoridad externa, ¡sino que se convertía en un califato! Con esta decisión, comenzó una época de gran esplendor que duró casi un siglo.

Durante ese tiempo, Córdoba fue un importante centro político y económico, además de una referencia cultural. Pero como todas las grandes historias, esta también tuvo un final. En el año 1009, el califato se vio envuelto en una guerra civil y se dividió en pequeños reinos llamados taifas.

¿QUIÉN ESTÁ ENTERRADO EN SANTIAGO DE COMPOSTELA?

Habrás oído hablar del Camino de Santiago y los muchos peregrinos que lo recorren. Todo empezó alrededor del siglo IX, cuando se encontraron unos huesos que, según la gente, pertenecían al apóstol Santiago, una de las personas más cercanas a Jesús de Nazaret.

La noticia de este descubrimiento hizo que cristianos de toda Europa quisieran visitar Santiago de Compostela, que pronto se volvió tan importante para ellos como Jerusalén y Roma. La ciudad empezó a crecer y se construyó una hermosa catedral.

> ¿Sabías que también se conoce al Camino de Santiago como ruta jacobea? Resulta que viene de Jacob, que era el nombre original del apóstol Santiago. Sí, Santiago es como se dice en español, aunque también usamos Jacobo.

Con el tiempo, se fueron estableciendo diferentes rutas de peregrinación que salían desde distintos puntos de Europa. Para ayudar a los viajeros a encontrar el camino, se colocaron señales como guía. La ruta más conocida y popular era el Camino francés, que atravesaba el norte de la península desde los Pirineos hasta Santiago. ¿Te gustaría hacerla?

¿QUIÉNES ERAN LOS VIKINGOS?

Es probable que hayas oído hablar de los vikingos. Estos aventureros del norte vivieron entre los siglos VIII y XI en lugares fríos como las actuales Noruega, Suecia, Dinamarca e Islandia. No se parecían a otros pueblos y eran conocidos por ser hábiles marineros y feroces guerreros que navegaban en grandes barcos llamados *drakkar*.

Imagina un grupo de hombres valientes surcando los mares en sus veloces embarcaciones. Estas personas creían en dioses poderosos como Thor y Odín, ¡y sus cabezas estaban llenas de historias y mitos! Gracias a su valentía y habilidades, pudieron explorar nuevos territorios.

Los vikingos se organizaban en clanes. Seguramente te estarás preguntando qué es un clan, ¿verdad? Eran grupos de familias que vivían en un mismo lugar colaborando entre ellas. En sus aldeas, además de fabricar barcos, ¡forjaban hermosas joyas y poderosas armas!

A menudo, observamos en películas, cómics y dibujos animados imágenes de vikingos con cascos decorados con cuernos. Sin embargo, aunque pueda sorprenderte, ¡en realidad los auténticos cascos vikingos no tenían cuernos!

¿LLEGARON LOS VIKINGOS A AMÉRICA?

Ahora que conocemos bien a estos aventureros del norte de Europa, hablemos sobre uno muy especial: Leif Erikson. Un día, este vikingo y su tripulación se embarcaron desde Groenlandia en busca de nuevos lugares. Navegando en sus veloces barcos, exploraron mares desconocidos hasta que llegaron a un lugar que no conocían: ¡América!

Es probable que Erikson no supiera que estaba en un nuevo continente, pero pronto descubrió las maravillas de ese nuevo lugar. Había enormes bosques, montañas altas y, lo más sorprendente de todo, ¡uvas silvestres por todas partes! Quedaron tan impresionados que decidieron llamar a este lugar Vinland, que significa «tierra de vino».

Aunque se asentaron en ese lugar y entraron en contacto con la gente que vivía allí, su colonia no duró mucho. ¿Sabes por qué? Porque la distancia entre Vinland y sus hogares en Europa era enorme, y era difícil conseguir comida y otras cosas necesarias. Por eso, después de un tiempo, Erikson y sus vikingos decidieron regresar a Groenlandia.

Es cierto que su estancia en Vinland fue breve, pero para estos valientes exploradores fue un viaje emocionante y lleno de experiencias. Imagina por un momento a los marineros navegando por aguas desconocidas y descubriendo nuevas tierras. ¿No te parece toda una aventura?

¿POR QUÉ SE CONVOCARON LAS CRUZADAS?

Durante la Edad Media, los papas de Roma organizaron unas expediciones militares llamadas «Cruzadas». Imagínate a guerreros cristianos europeos viviendo todo tipo de aventuras para llegar a Jerusalén. ¿Por qué lo hicieron?

Una razón muy importante es que, para los cristianos, Jerusalén y otras aldeas cercanas eran muy especiales, porque Jesús había vivido allí. Pero cuando los musulmanes conquistaron esos lugares, visitar Jerusalén se volvió muy complicado y peligroso.

No obstante, eso no fue lo único que motivó las Cruzadas: algunos nobles cristianos querían tener más poder y prestigio, así que decidieron unirse a estas expediciones. Además, algunos creían que podrían encontrar grandes riquezas en Jerusalén y otros lugares sagrados.

En definitiva, en el origen de las Cruzadas se mezclaron motivos religiosos con otros relacionados con el poder y la riqueza. Los cruzados buscaban recuperar Jerusalén, pero también conquistar nuevos territorios, saquear riquezas y abrir nuevas rutas comerciales.

> **La Edad Media es el periodo más largo de la historia, pues abarca desde el siglo v hasta el xv. Es la época de los caballeros andantes, la construcción de los castillos y las grandes catedrales y las Cruzadas.**

¿CUÁNTAS CRUZADAS HUBO?

Ahora que sabemos qué son las Cruzadas, quizá quieras saber cuántas veces se convocaron durante la época medieval. Los cristianos decidieron organizar estas expediciones militares… ¡hasta en nueve ocasiones! Pero cada una tuvo un resultado diferente.

La Primera Cruzada fue famosa porque los cristianos lograron recuperar aquella tierra sagrada para ellos. También establecieron algunos reinos, como Edesa y Jerusalén, que estuvieron bajo control cristiano durante cien años. Después se convocaron otras expediciones con las que, sin mucho éxito, trataron de recuperar esos reinos perdidos. Incluso un rey de Francia, Luis IX, trató de hacerse con Egipto y con Túnez, pero no tuvo el resultado esperado.

Otra Cruzada importante fue la tercera, en la que participaron el emperador de Alemania, Federico Barbarroja, y los reyes de Francia e Inglaterra. Tal vez conozcas al inglés, Ricardo Corazón de León, porque sale en la historia de Robin Hood. Sin embargo, al final, ninguno de ellos logró recuperar Jerusalén.

En las Cruzadas también ocurrían cosas sorprendentes. Por ejemplo, en la cuarta, en lugar de seguir hacia Jerusalén, los ejércitos cristianos decidieron conquistar Constantinopla. Si consultas el mapa, verás que esta ciudad, de la que ya hemos hablado, está de camino hacia Tierra Santa.

¿QUIÉN FUE LA REINA BLANCA?

Blanca de Castilla fue una reina muy importante en la historia de Francia. Era la quinta hija de Alfonso VIII de Castilla y Leonor de Inglaterra, y nació en Palencia el 4 de marzo de 1188. Con solo once años, se fue a vivir a Francia, donde se casó con el futuro rey Luis VIII.

Sin embargo, su esposo murió joven, quedándose Blanca como regente del reino. Esto significó que ella debió tomar decisiones importantes y gobernar el país hasta que su hijo alcanzase la mayoría de edad. Por suerte, era muy inteligente y ningún desafío la asustaba, lo que le permitió luchar por mantener a Francia segura y feliz.

Cuando su hijo creció y se convirtió en rey, Blanca se retiró a un monasterio para pasar tiempo en paz y oración. Al fin y al cabo, era una persona muy religiosa. No obstante, pronto tuvo que volver a la actividad política, ¡y la causa fue justamente las Cruzadas! El rey Luis IX decidió participar en una de esas expediciones, dejando nuevamente a su madre a cargo del país.

Además de gobernar Francia mientras su hijo no estaba, la reina Blanca ayudó a Luis a organizar la Séptima y la Octava Cruzada. En una de ellas, desafortunadamente, el rey fue capturado y su madre tuvo que ocuparse de pagar el rescate para liberarlo.

¿CUÁL ES EL ORIGEN DEL PARLAMENTARISMO?

En el año 1188, algo muy relevante sucedió en la ciudad de León: el rey Alfonso IX organizó una reunión a la que asistieron nobles, obispos, abades y representantes de varias ciudades. ¿Con qué objetivo? Hablar sobre asuntos importantes del país, como los impuestos o las relaciones con otros reinos.

Además, la reunión sirvió para que esos grupos expresaran sus preocupaciones, contribuyendo así a un gobierno más participativo. Con el tiempo, las Cortes medievales (pues así se llamaban) empezaron a formarse en otros reinos, pasando a ser fundamentales.

Aunque no tenían tanto poder como los parlamentos modernos, fueron muy importantes. Las Cortes de 1188 fueron como una semilla que se plantó en la historia: a partir de ese momento, surgieron nuevas ideas que cambiaron la forma de gobernar los países. Por ese motivo, se puede considerar que el origen del parlamentarismo está en... ¡la ciudad de León!

Los musulmanes, como recuerdas, comenzaron la conquista del reino de los visigodos en el año 711. Pero realmente no lograron dominar toda la península. ¿Sabes por qué? Porque en las montañas del norte algunas personas se negaron a rendirse. Uno de estos lugares fue el Reino Astur, que con el tiempo se expandió hacia el sur dando lugar a León.

¿CÓMO SURGIERON LAS UNIVERSIDADES?

Cuando pensamos en la Edad Media, nos suele venir a la cabeza la imagen de un mundo de caballeros valientes, batallas épicas y castillos con altas torres. ¡Pero eso no es todo! Aunque las expediciones militares y las invasiones vikingas constituían un panorama emocionante y peligroso, también había gente que tenía muchas preguntas sobre el mundo y que quería aprender más.

Con el tiempo, se formaron lugares especiales para el aprendizaje, a los que se llamó «universidades». ¿Y sabes por qué se llaman así? Porque eran universos enteros de conocimiento donde las personas podían estudiar todo tipo de cosas interesantes: matemáticas, literatura, teología, filosofía, historia y muchas más.

Las universidades eran como templos del saber. Cada profesor guiaba a sus alumnos a través de un gran viaje de descubrimiento, y los libros eran cofres llenos de secretos por descubrir. ¡Imagínate estar en un lugar así!

> Las universidades comenzaron a aparecer en lugares cercanos a las catedrales, ya que la Iglesia buscaba enseñar a los futuros sacerdotes. Pero luego más personas quisieron aprender, y los gobernantes vieron que eso era bueno para sus reinos y ciudades. Así que empezaron a crearse importantes centros de estudio, como Bolonia, París, Palencia, Oxford o Salamanca.

¿ES CIERTO QUE LA UNIÓN HACE LA FUERZA?

A la par que en Europa se formaban las universidades, en las amplias llanuras de Mongolia nació un niño llamado Temuyín. Desde muy pequeño, aprendió que su mundo era un lugar difícil, en el que las tribus luchaban unas contra otras por la comida y el agua. Pero Temuyín no era un niño común, ¡era inteligente y valiente! Con su astucia y su coraje, pudo lograr sobrevivir a cada nuevo desafío que se le planteaba cada día.

En poco tiempo, Temuyín se convirtió en el jefe de su clan. Al ver que las otras tribus estaban separadas y desperdiciaban su energía peleando entre ellas, pronto empezó a soñar con unir a todas bajo su liderazgo, formando una gran nación de los mongoles.

De esta forma, comenzó a unir a las tribus mediante alianzas, pero también a través de conquistas. Se enfrentó a complicados retos para realizar su sueño, pero jamás se dio por vencido. Al final, Temuyín consiguió lo que podría parecer imposible: unir a todas las tribus bajo su mando.

Una vez juntos, los mongoles se convirtieron en una fuerza imparable. Dirigidos por Temuyín, quien ahora era llamado Gengis Kan, comenzaron grandes expediciones de conquista. Desde las llanuras de Mongolia, tomaron ciudades en China, en el corazón de Asia e incluso llegaron hasta Europa. Su imperio se expandió rápidamente, asombrando al mundo con su grandeza.

¿QUÉ NIETO DE GENGIS KAN SE HIZO CORONAR EMPERADOR DE CHINA?

Cuando Kublai Khan vino al mundo en el año 1215, Mongolia estaba dominada por los valientes soldados de su abuelo, Gengis Kan. Las hazañas de sus antepasados hicieron que su infancia estuviera marcada por las historias de batallas y aventuras. Así que, desde muy temprana edad, aprendió a montar a caballo y a disparar flechas con su arco, ¡como lo hacían los grandes guerreros de su época!

Pero en Kublai Khan el alma de jinete de la estepa se mezclaba con una curiosidad especial por la cultura china, con su compleja escritura y sus milenarias tradiciones. En su interior se unieron los dos mundos.

Cuando se convirtió en adulto, tuvo que enfrentarse a un gran desafío: luchar por el poder contra otros miembros de la familia de Gengis Kan, su abuelo. No fue tarea sencilla, pero Kublai demostró ser más astuto que los demás y ¡logró alcanzar el trono!

Con todo el poder en sus manos, Kublai Khan se embarcó en una gran aventura. ¿Su sueño? Terminar la conquista de China que décadas antes había iniciado su abuelo. Quería ser emperador y hacer que su familia reinara sobre ese país que tanto admiraba. Y… ¡adivina qué! Logró su gran sueño cuando tenía casi sesenta años.

¿PUEDE UNA GUERRA DURAR CIEN AÑOS?

La Guerra de los Cien Años fue una contienda entre dos grandes reinos: Inglaterra y Francia. Empezó en 1337 y no terminó hasta 1453, ¡casi 120 años! ¿Puedes creerlo?

Por aquel entonces, había un rey en Inglaterra llamado Eduardo III. Él creía que también debería llevar la corona de Francia, porque su madre era una princesa de ese país. Pero... ¡sorpresa!, los franceses no estaban de acuerdo, ¡y empezó el lío!

Como bien puedes imaginarte, Eduardo III murió mucho antes de que la guerra terminara. A lo largo de todo ese tiempo, hubo batallas emocionantes como Crécy y Agincourt. En ellas, los ingleses emplearon un arma especial: unos arcos largos que sorprendieron, y mucho, a los franceses.

Y aquí viene una parte interesante: cuando las cosas parecían muy difíciles para Francia, una heroína llamada Juana de Arco lideró a los soldados franceses en Orleans y otras batallas. Juana les dio esperanza, cambiando así el curso de la guerra.

Durante esos años, había veces que los dos reinos estaban tan agotados que decidían detenerse un tiempo y hablar sobre cómo terminar la guerra. Pero después de cada pausa, ¡la pelea volvía a empezar! Finalmente, llegaron a un acuerdo en un lugar llamado Picquigny: decidieron terminar la guerra y el rey de Inglaterra, llamado Enrique VI, renunció al trono de Francia.

¿CÓMO CAMBIÓ UN REINO JUANA DE ARCO?

Juana era una chica normal que vivía en un reino envuelto en una guerra interminable. Pero un día, algo asombroso ocurrió: empezó a escuchar voces en su interior. ¿Qué le decían? Que debía ayudar a su país en la guerra contra Inglaterra.

Juana creía que las voces venían de Dios. Por eso, decidió ir a buscar al gobernador de su región. Este pensó que estaba loca, pero Juana no se rindió. Con su insistencia, logró convencerlo de que la enviara a ver al monarca.

El rey de Francia de aquel momento se llamaba Carlos, y se sorprendió mucho cuando escuchó a Juana. Aunque al principio no sabía si confiar en ella, decidió darle una oportunidad. ¡Y vaya que fue una buena decisión! En muy poco tiempo, Juana logró romper el cerco que los ingleses habían puesto alrededor de la ciudad de Orleans.

Tras ese importante triunfo, la fama de Juana y sus victorias continuaron creciendo. Antes de su llegada, el pesimismo se había extendido entre los franceses. Sin embargo, su aparición fue como un rayo de esperanza que iluminó la nación, revitalizando el espíritu de los ciudadanos.

Por desgracia, Juana fue capturada por sus enemigos. Fue un momento muy triste porque un tribunal inglés la acusó de hacer brujería y la sentenciaron a morir. Pero incluso entonces ¡demostró una valentía digna de una heroína!

¿CÓMO ERAN LAS PANDEMIAS EN LA EDAD MEDIA?

La peste bubónica es una enfermedad provocada por una bacteria llamada *Yersinia pestis*. Aunque ha existido durante mucho tiempo, se hizo muy famosa en el siglo XIV, cuando se la llamó «Peste Negra». Por aquel entonces, la bacteria se esparció muy rápido por Europa, Asia y África, y causó muchas muertes en pueblos y ciudades.

En aquellos tiempos, la gente no entendía muy bien cómo se transmitía esta enfermedad; principalmente, a través de las pulgas de las ratas negras y otros roedores. Cuando alguien enfermaba, tenía mucha fiebre y le salían bultos oscuros en el cuerpo. De ahí el nombre de «Peste Negra».

En el siglo XIV, las personas sufrieron mucho por la enfermedad. Fue un momento difícil para todos. Se estima que la mitad de la población europea enfermó. ¡Imagina eso! Desafortunadamente, mucha gente no pudo recuperarse y murió. La Peste Negra se propagaba como un fuego incontrolable de persona a persona, ¡y ni siquiera los médicos y sanadores más sabios de esa época sabían cómo detenerla!

Con el tiempo, las personas aprendieron que mantenerse limpias y cuidar su higiene era muy importante para prevenir la propagación de pulgas. Afortunadamente, descubrieron formas de detener la enfermedad y encontraron mejores maneras de ayudar a las personas infectadas.

¿SABES CUÁL ES LA CIUDAD MÁS ARTÍSTICA?

El Renacimiento supuso un gran despertar de la creatividad en la Europa de los siglos XIV y XV: las personas empezaron a prestar mucha atención al arte y la ciencia, y también a hacerse preguntas sobre la vida. Durante este tiempo, se hicieron nuevos descubrimientos, se pintaron cuadros hermosos y se construyeron edificios increíbles.

Al inicio del Renacimiento, la ciudad de Florencia brillaba como una estrella. Era un gran mercado lleno de dinero y nuevas oportunidades. Algunas familias florentinas comenzaron a trabajar en la banca, y lo hacían tan bien que se volvieron los mejores en eso. De modo que la gente confiaba en ellos para cuidar y manejar su dinero.

Con tanto dinero, algunas familias como los Médici, los Strozzi y los Rucellai decidieron invertir en arte. Pensaban que, al tener edificios, esculturas y pinturas impresionantes, podrían ganar prestigio entre los demás. Por eso, pagaban a artistas, escritores y científicos para que hicieran cosas increíbles que todos pudieran disfrutar.

Además, coleccionaban libros y obras de arte de tiempos antiguos. Esto hizo que la ciudad entera se convirtiera en un gran tesoro de conocimiento. De hecho, los descubrimientos científicos de los grandes pensadores de Grecia y Roma pasaron a ser conocidos por todos en esta impresionante ciudad.

¿QUIÉNES ERAN LOS MÉDICI?

Sin duda, los Médici fueron la familia más importante de Florencia durante el Renacimiento. Destacaron principalmente como mecenas de los artistas, lo que significa que les proporcionaban dinero y apoyo para crear esculturas y cuadros asombrosos.

La familia tenía una gran fortuna gracias a su banco, lo que les permitía comprar todo lo que los artistas necesitaban, como pinturas, pinceles e incluso mármol para hacer esculturas. Estas obras no solo eran hermosas, sino que también contribuían a aumentar el prestigio y el poder de los Médici en la ciudad.

La historia de los Médici comenzó con Cosme, al que llamaban «el Viejo». Gracias a su inteligencia para los negocios, la familia amasó una gran fortuna, tanto que llegó a tener bancos en muchas ciudades de Europa. Otro miembro importante fue Lorenzo, apodado «el Magnífico». ¡Y vaya que era magnífico! No solo era rico, sino también un poeta de talento. Además, era amigo de un montón de artistas y filósofos.

Pero la aventura de los Médici no terminó ahí: unos años después de la muerte de Lorenzo, uno de sus hijos se convirtió en el Papa de Roma con el nombre de León X. Y no fue el único miembro de la familia que ocupó un cargo importante. Dos mujeres llamadas Catalina y María llegaron a ser ¡reinas de Francia!

¿QUIÉN ES LA MUJER MÁS MISTERIOSA DEL ARTE?

Uno de los artistas más famosos del Renacimiento fue Leonardo da Vinci. ¿Has oído hablar de él? A principios del siglo XVI, pintó la Mona Lisa, el retrato de una mujer con una sonrisa muy especial que ha llamado la atención de la gente durante siglos. ¿Te suena?

Muchos expertos piensan que la mujer del retrato es Lisa Gherardini, la esposa de Francesco del Giocondo. Por esta razón, el cuadro se conoce como «La Gioconda». Sin embargo, no estamos seguros de quién le pidió al artista que lo pintara: algunos dicen que fue Francesco, mientras que otros creen que pudo haber sido Juliano de Médici. Lo curioso es que Leonardo nunca entregó el retrato, ¡sino que lo conservó hasta su muerte!

Aunque puede sonar un poco raro, hay una idea diferente sobre quién podría ser la mujer de la Mona Lisa. Algunas personas dicen que en realidad es Isabella d'Este, una dama importante del Renacimiento.

¿Y sabías que hay teorías aún más sorprendentes sobre la Mona Lisa? Por ejemplo, algunos creen que Leonardo usó a Salai, uno de sus aprendices, como modelo. Y eso no es todo: otros piensan que la cara de Caterina, la madre de Leonardo, está escondida en el cuadro.

Por lo que la Mona Lisa es más que una pintura bonita, ¡es un misterio que ha intrigado a la gente durante siglos!

¿QUIÉN FUE LA MADRINA DEL RENACIMIENTO?

El Renacimiento en Italia fue un periodo en el que destacaron personajes muy importantes. Uno de ellos fue Isabella d'Este. Nacida en el seno de una familia rica y poderosa de Ferrara en 1474, desde pequeña, Isabella mostró ser muy inteligente y le gustaba aprender cosas nuevas. Sabía hablar varios idiomas y era muy buena en música, literatura y pintura.

Su amor por el arte se desarrolló aún más cuando, con dieciséis años, se trasladó a Mantua para casarse con Francesco Gonzaga, marqués y gobernante de la ciudad. Como marquesa, Isabella utilizó su influencia para coleccionar obras de arte y promocionar a algunos artistas, como fue el caso de Leonardo da Vinci y Andrea Mantegna.

Esa labor como madrina de artistas creció cuando Francesco Gonzaga tuvo que abandonar Mantua para dirigir sus ejércitos en la guerra. Isabella d'Este pasó así a gobernar la ciudad de forma temporal. En esos años demostró ser hábil en la toma de decisiones, por lo que se ganó el respeto de su pueblo y de otros líderes italianos.

Isabella d'Este murió en 1539, tras cumplir sesenta y cuatro años. Desde entonces, los historiadores han destacado su amor al arte y su inteligencia como gobernante. Por ese motivo, es considerada una de las grandes mujeres del Renacimiento.

¿QUÉ BUSCABAN LOS NAVEGANTES PORTUGUESES?

En el siglo xv, los portugueses se enfrentaron a un desafío sorprendente: querían encontrar una forma rápida de llegar a Asia por el mar. ¿Por qué? Porque allí había cosas increíbles que a los europeos les encantaban: la canela, la pimienta, el clavo, la seda, la porcelana… ¡Era como un tesoro al otro lado del mundo!

Querían encontrar una ruta marítima para llegar a esas maravillas evitando los peligrosos caminos terrestres. Así que, llenos de curiosidad, exploraron la costa de África. Creían que, si seguían navegando hacia el sur, encontrarían un camino que los llevaría desde el océano Atlántico al Índico. Y adivina qué: ¡lo encontraron!

En 1488, un equipo de valientes marineros liderados por Bartolomeu Dias llegó al extremo sur de África. Pero ¿sabes qué? Solo diez años después, Vasco da Gama logró algo aún más increíble: llegó hasta la India. Después de muchas aventuras, los portugueses habían encontrado una nueva ruta para llegar a Asia.

¡Y resulta que también desembarcaron en Brasil por accidente! En el año 1500, el navegante Pedro Álvares Cabral lideró una expedición hacia la India. Pero algo muy curioso sucedió: los vientos los llevaron en una dirección diferente. Así que, sin querer, ¡terminaron llegando a las costas de América!

¿DÓNDE QUERÍA LLEGAR REALMENTE CRISTÓBAL COLÓN?

Mientras los portugueses estaban ocupados buscando rutas hacia Asia por el este, un navegante llamado Cristóbal Colón tenía un plan diferente: llegar al continente asiático por el oeste. ¿Puedes imaginarlo? Quería cruzar el gran océano Atlántico para llegar a lugares como Japón, China e India. ¡Eso sí que es aventurarse a lo desconocido!

Pero Colón necesitaba mucho dinero, marineros y barcos. Al principio, buscó el apoyo del rey de Portugal, pero estaba muy ocupado explorando otras rutas. Entonces, decidió acudir a los Reyes Católicos, que gobernaban en Castilla y Aragón. Afortunadamente, ellos decidieron ayudarle. Así fue como Cristóbal Colón se embarcó para iniciar su gran aventura.

Después de muchas semanas en el mar, finalmente llegaron a tierra firme. Pero ¿sabes qué descubrieron? No era Asia, como pensaban, sino algo completamente nuevo. Colón y su tripulación habían llegado a una isla en el Caribe que formaba parte de un continente desconocido para los europeos: América.

Cristóbal Colón no logró llegar a Asia como esperaba, pero su viaje cambió el mundo para siempre: abrió nuevas rutas comerciales y unió dos mundos que antes estaban separados.

¿POR QUÉ SE LLAMA AMÉRICA?

A mediados del siglo XV, nació en Florencia Américo Vespucio. ¿Quieres saber qué hizo? Él fue quien nombró el continente en el que acabó Cristóbal Colón. En lugar de quedarse en Italia, este marinero decidió trasladarse a Sevilla. Allí, empezó a trabajar en una casa comercial que organizaba viajes de exploración por el océano Atlántico.

Cuando Américo se embarcó, comenzó a descubrir cosas asombrosas. Navegó por las hermosas islas del Caribe y también recorrió algunas partes de la costa continental. Fue durante estas aventuras cuando descubrió algo sorprendente: aquellas tierras no eran Asia, como mucha gente pensaba en ese entonces. ¡Estaba ante un continente completamente nuevo!

De regreso a Europa, Américo Vespucio le contó a todo el mundo que había un nuevo continente. Algunos no le creyeron y bromearon con la idea. Incluso hubo un cartógrafo (que es aquel que dibuja mapas) que decidió poner el nombre «América» en uno de sus trabajos para burlarse de Vespucio.

Pero la historia tuvo un final justo para Américo, porque ese mapa se hizo muy famoso. Así que, poco a poco, todos empezaron a llamar al nuevo continente con su nombre: América. ¡Y todo esto sucedió por culpa de una broma!

¿QUIÉNES ERAN LOS MEXICAS?

Imagínate una asombrosa ciudad construida sobre un lago, con una gran cantidad de canales y puentes. Esa era Tenochtitlán, la capital de los mexicas, también conocidos como aztecas. ¿Te gustaría saber más sobre ellos?

Los mexicas eran un pueblo importante que habitaba en América antes de la llegada de Cristóbal Colón. Eran muy inteligentes y hábiles, por eso construyeron templos gigantes y palacios deslumbrantes. Además, eran valientes guerreros, capaces de formar un gran imperio en el centro de lo que hoy es México.

La religión ocupaba un papel central en su día a día. Los mexicas tenían muchos dioses a quienes adoraban y hacían sacrificios para tenerlos contentos. No obstante, su forma de practicar la religión era muy diferente a la de hoy. Solían ofrecer animales a sus dioses e, incluso, en algunas ocasiones, ¡la vida de seres humanos!

Años después de las expediciones de Colón, otro explorador español llamado Hernán Cortés llegó a México. Llevó consigo un grupo de soldados y se encontró con personas de los pueblos conquistados por los mexicas. Juntos formaron un ejército. En una importante batalla, Cortés y los suyos obtuvieron una gran victoria. Eso les permitió conquistar la gran ciudad de Tenochtitlán en el año 1521.

¿Y LOS INCAS?

Cuando los españoles llegaron a América, descubrieron que los mexicas no eran el único pueblo importante del continente. Viajando muchos kilómetros hacia el sur, encontraron otra cultura increíble: los incas. Su capital se situaba en la montaña, rodeada de ríos. Su nombre era Cuzco.

Los incas eran sorprendentemente ingeniosos. Aunque vivían entre montañas, encontraron una manera de cultivar alimentos. ¿Sabes cómo lo hicieron? Construyendo terrazas en las laderas. Además, eran expertos en ingeniería y tenían una red de caminos que conectaba diferentes partes de su imperio.

Al igual que los mexicas, los incas eran personas muy religiosas. En sus ceremonias y rituales, adoraban a Viracocha, el dios que creó todo, y a Inti, el dios del Sol. También tenían otros dioses como Pachamama, la madre Tierra; Mama Quilla, la diosa de la Luna; y los Apus, que eran espíritus. Además, en lo alto de las montañas construyeron una ciudad sagrada: Machu Picchu.

El Imperio inca llegó a su fin en el siglo XVI, al estallar una guerra civil entre dos herederos al trono. ¡Imagina lo complicado que eso sería! Justo en ese momento, llegaron los españoles liderados por Francisco Pizarro, que aprovecharon la pelea entre los incas y conquistaron el imperio.

¿QUIÉN DIO LA PRIMERA VUELTA AL MUNDO?

La hazaña de Cristóbal Colón permitió conocer América. Pero nadie había olvidado que el objetivo original era llegar a Asia navegando hacia el oeste. Por ese motivo, en el año 1519, salieron de España cinco barcos y más de 200 marineros liderados por Fernando de Magallanes.

Magallanes y sus hombres viajaban hacia lo desconocido. En aquellos tiempos, llegar a América era muy difícil y peligroso. Pero ellos tenían una misión aún más grande: debían encontrar un camino entre dos inmensos océanos, el Atlántico y el Pacífico. ¿Y sabes qué? ¡Lo lograron! Por eso, ahora llamamos a ese lugar «estrecho de Magallanes».

Sin embargo, la aventura no terminó aquí. Los navegantes tenían otro gran objetivo: llegar a Asia. Así que continuaron su viaje y se dispusieron a atravesar el océano Pacífico. Después de mucho tiempo en el mar, alcanzaron las hermosas islas Filipinas.

Pero cuando parecía que habían acabado su misión, ocurrió una terrible desgracia. Durante un enfrentamiento con una tribu local, Magallanes perdió la vida. Uno de los capitanes, Juan Sebastián Elcano, tomó el mando y, navegando de regreso por el sur de África hacia España, logró completar la primera vuelta al mundo en 1522.

¿INTENTARON LOS ESPAÑOLES CONQUISTAR CHINA?

Cuando los españoles llegaron a las islas Filipinas, quedaron maravillados por su belleza. Pronto sus ojos se iluminaron al pensar en las riquezas que China podía ofrecerles. ¿Y sabes qué? Los chinos estaban muy contentos de abrir algunos puertos y comerciar con sus nuevos visitantes.

Desde entonces, comenzó un intercambio constante entre las islas Filipinas y China. Los españoles tenían algo muy valioso para los chinos: plata. Y a cambio, los chinos les proporcionaban seda, porcelana, té y muchas otras mercancías. En resumen, fue un comercio próspero que benefició a ambas partes.

Y aquí tienes el dato interesante: algunos españoles tuvieron una idea muy atrevida. Le propusieron al rey Felipe II organizar una expedición para conquistar China. ¿Qué crees que dijo el rey? En realidad no aceptó la idea, pero permitió que sus consejeros la consideraran.

Estos consejeros se sentaron a hacer planes y a calcular cuánto costaría una aventura tan grande. Al final, todos estuvieron de acuerdo en algo: China era un lugar enorme y lejano. Además, en Asia, los españoles estaban más interesados en el comercio que en la guerra. Así que decidieron enfocarse en hacer intercambios de productos con China desde las Filipinas, en lugar de intentar conquistarla.

¿QUÉ ERA EL GALEÓN DE MANILA?

Cuando los productos de China llegaban a las islas Filipinas, comenzaba una nueva aventura: el viaje hacia el continente americano. Entonces, los barcos se preparaban para navegar por el enorme océano Pacífico.

Este viaje se conocía como el «galeón de Manila». ¿Por qué tenía ese nombre? Porque usaban un barco llamado galeón y partían desde el puerto de Manila rumbo a Acapulco, en México. Pero la historia no termina ahí. Parte de las mercancías que llevaban, como sedas y porcelanas, eran transportadas hasta Europa. También aprovechaban para cargar productos americanos como cacao, tabaco y azúcar.

Pero el «galeón de Manila» ¡era mucho más que una ruta comercial! Imagina un puente gigante que unía dos mundos muy diferentes. En esos barcos viajaban misioneros, exploradores, funcionarios y, por supuesto, comerciantes. No solo llevaban mercancías, sino también ideas y personas de un lado del mundo al otro. Fue una manera emocionante de conectar a personas de lugares muy lejanos.

Entre los años 1565 y 1815, se llevaron a cabo 245 viajes del «galeón de Manila». Para ello, se usaron más de cien barcos grandes con una capacidad de alrededor de 1.000 toneladas. Además, esta ruta también recibió otros nombres, como «nao de China» o «galeón de Acapulco».

¿QUÉ ERA UN «SHŌGUN»?

Una vez que los españoles se establecieron en las islas Filipinas, no solo entraron en contacto con China, sino también con el Imperio japonés. Pronto descubrieron que estaba gobernado por un «shōgun», un líder que tomaba las decisiones más importantes en nombre del emperador de Japón.

Desde el año 1603, una familia llamada Tokugawa tenía el control del «shōgunato». Aunque el emperador era la máxima autoridad y la gente lo consideraba un dios, en realidad era el «shōgun» quien mantenía el país en orden con la ayuda de los samuráis.

Los samuráis eran los guerreros del Japón antiguo. Manejaban muy bien la espada y tenían conocimientos de artes marciales. Pero su misión no era únicamente pelear, sino que tenían un código de honor que les servía para ser valientes, honrados y leales. Estas reglas recibían el nombre de «bushido».

Además, Japón era un imperio enorme con muchas islas pequeñas. Los «shōgunes», al darse cuenta de la necesidad de controlarlo todo, nombraron unos gobernadores locales llamados «daimios». Estos no solo tenían muchas tierras para cultivar, sino que también formaban sus propios ejércitos, que ponían al servicio del «shōgun» en caso de necesidad.

¿POR QUÉ LOS «SHŌGUNES» DECRETARON EL SAKOKU?

España no fue el único reino en llegar a las costas de China y Japón. ¿Recuerdas la ruta de los portugueses por el sur de África? Ellos también comerciaban con Asia, incluso antes que los españoles.

La aparición de tantos europeos dejó al «shōgun» un poco preocupado. Pensaba que, con el tiempo, podrían querer conquistar Japón. Entonces, habló con el emperador y tomó una decisión importante llamada «sakoku», que en japonés significa «país cerrado». Es decir, decidió cerrar sus puertas al mundo exterior, impidiendo que los extranjeros entraran.

El «sakoku» fue una especie de escudo para Japón. Su objetivo era proteger al imperio y a su gente de influencias externas, como la religión y las ideas que traían los portugueses y españoles. Era una forma de asegurar que las tradiciones y la cultura japonesa se mantuvieran fuertes y no fueran influenciadas por otros reinos.

Además, el «shōgun» creía que hacer negocios con los europeos podía causar problemas en la economía de Japón. Temía que las mercancías españolas y portuguesas llenaran los mercados, perjudicando así a los productores locales. También pensaba que los extranjeros podrían llevarse cosas importantes que el imperio necesitaba. ¿Crees que hicieron lo correcto?

¿QUIÉN INVENTÓ LA IMPRENTA?

En el siglo xv, el alemán Johannes Gutenberg tuvo una idea genial: inventó una máquina para imprimir palabras en papel de manera sencilla. ¿Cómo lo logró? Utilizando pequeñas piezas con letras talladas, conocidas como tipos móviles. Al combinar estas piezas, era posible formar palabras y frases que, al cubrirse con tinta y presionarse sobre el papel, permitían hacer muchas copias rápidamente.

Antes de la imprenta, los libros tenían que copiarse a mano, ¡uno por uno! Este proceso era extremadamente lento y, sobre todo, costoso. Pero gracias al invento de Gutenberg, la cantidad de libros aumentó, los precios bajaron y muchas más personas pudieron empezar a leer.

La imprenta de Gutenberg cambió la forma en la que se compartía el conocimiento, haciéndolo más accesible para todos. Por esta razón, se considera uno de los inventos más importantes de todos los tiempos.

> ¿Sabías que antes de Gutenberg ya había imprentas en China? Aunque no eran tan avanzadas como las europeas, el proceso era similar, ya que también cubrían las piezas con tinta y las presionaban sobre el papel. Sin embargo, es importante tener en cuenta que no era tan eficiente debido a la gran cantidad de caracteres en el sistema de escritura chino.

¿CUÁNDO SE PRODUJO LA REFORMA PROTESTANTE?

En el siglo XVI, hubo un gran cambio en el cristianismo. Todo comenzó con Martín Lutero, un monje que quería mejorar la Iglesia. Escribió una lista de 95 ideas y las compartió en la ciudad de Wittenberg.

Gracias a la imprenta, las ideas de Lutero se difundieron por toda Alemania. Como no llegó a un acuerdo con el papa y los obispos católicos, decidió separarse de la Iglesia de Roma. Así comenzó la Reforma protestante, que dividió a los cristianos alemanes.

Pero esto no solo afectó a Alemania. Otros también quisieron hacer cambios en diferentes países, como Juan Calvino y Ulrico Zwinglio en Suiza, John Knox en Escocia y Enrique VIII en Inglaterra (aunque este último se separó de Roma porque el papa no le permitió divorciarse de su esposa).

Entre otras cosas, Enrique VIII de Inglaterra es conocido por haber tenido ihasta seis esposas! La primera fue Catalina de Aragón, de quien quiso divorciarse. Las restantes fueron Ana Bolena, Jane Seymour, Ana de Cleves, Catalina Howard y Catalina Parr.

Estos problemas religiosos causaron guerras entre reyes católicos y protestantes en los años siguientes. Además, los gobernantes creían que todos en su país debían tener la misma religión que ellos… ¡y castigaban a quienes pensaban diferente!

¿QUÉ FUE LA CAZA DE BRUJAS?

La caza de brujas fue uno de los episodios más oscuros en la historia de Europa. Entre 1550 y 1650, muchas personas inocentes fueron acusadas y castigadas. ¿Por qué? ¡Porque la gente creía que poseían poderes mágicos y hacían tratos con el diablo!

Las personas más afectadas fueron las mujeres. Las acusaban de cosas horribles sin pruebas e, incluso, las condenaban a muerte solo por rumores. Pero eso no es todo, lo peor era que, durante ese proceso, algunas eran torturadas para que admitieran ser brujas. Terrible, ¿verdad?

Se calcula que alrededor de 50.000 personas fueron condenadas injustamente a morir en la hoguera. Los lugares donde hubo más ejecuciones fueron la actual Alemania, Suiza, Escocia, Inglaterra y los Países Bajos. Fue un momento muy oscuro en la historia, donde el miedo y la superstición llevaron a mucha gente inocente a ser juzgada y condenada.

> También en América del Norte hubo casos, aunque no tantos como en Europa. ¿Has oído hablar del juicio de las brujas de Salem? Sucedió en 1692 y se hizo muy famoso. Ese año, se acusaron a varias mujeres de practicar la brujería y, después de un juicio, fueron ejecutadas. Lo más extraño es que todo empezó debido a un miedo colectivo y problemas entre las personas.

¿QUÉ PINTOR ERA AMIGO DEL REY PLANETA?

¿Conoces a Diego Velázquez? El sevillano nació en 1599 y se convirtió en uno de los pintores más conocidos de la historia. Cuando era joven, se trasladó a Madrid, donde llegó a ser el artista favorito de Felipe IV, a quien a veces llamaban «el rey planeta». Con el tiempo, ambos se convirtieron en buenos amigos.

Velázquez era un pintor muy talentoso que sabía cómo capturar las emociones de las personas en sus obras de arte. Por eso, Felipe IV confiaba mucho en él y le permitía ser creativo en sus cuadros. Era una relación tan especial que «el rey planeta» le encargaba pintar retratos de su familia.

Uno de sus cuadros más famosos se llama *Las Meninas*. ¿Te suena? Velázquez pintó a la infanta Margarita y su séquito, así como a los reyes reflejados en un espejo. ¡Y no te lo pierdas! También se incluyó a sí mismo en el cuadro. ¿Puedes imaginarlo? Eso muestra lo buena que era su amistad con Felipe IV.

Su relación especial con «el rey planeta» lo convirtió en una figura muy importante en la corte real de España. Además de ser un gran pintor, ayudaba a Felipe IV a administrar sus obras de arte. Trabajaban juntos para embellecer el palacio y dejar un legado artístico que todavía admiramos hoy día en el museo del Prado.

¿QUIÉN ERA EL REY SOL?

En el siglo XVII, Francia se convirtió en el reino más fuerte de Europa. Ocurrió durante el reinado de Luis XIV, uno de los más largos que haya existido ¿Sabes cuánto tiempo estuvo en el trono? ¡Nada menos que setenta y dos años! Imagina todas las cosas que pudo hacer en tanto tiempo.

Durante su reinado, Luis XIV estuvo involucrado en muchas guerras que permitieron que Francia adquiriera un gran poder. Sin embargo, esta ambición también atrajo muchos enemigos: inicialmente, se enfrentó a España, pero con el tiempo, Austria e Inglaterra se convirtieron en sus principales rivales.

Además de ser un rey poderoso, Luis XIV valoraba mucho las artes y la cultura. Por eso, ayudó a muchos escritores y músicos para que pudieran compartir su talento con todos. Y ¿sabes qué más hizo? Decidió construir un increíble y bello palacio en Versalles para él y su corte.

Por todos esos méritos, se ganó un apodo muy especial: el «rey Sol». La comparación con ese astro era muy acertada, ya que se consideraba que Luis era el centro de todo. Al igual que los planetas orbitan alrededor del Sol, la autoridad del rey brillaba con mucha fuerza en su reino, como si estuviera en el corazón de todo. ¡Así de importante fue Luis XIV en la historia de Francia y de Europa!

¿QUIÉN ERA LA REINA DE LOS MOSQUETEROS?

En 1601, nació en Valladolid una niña llamada Ana de Austria. Fue la primera hija del rey Felipe III de España y de la reina Margarita. ¿Sabías que Ana era la hermana del famoso «rey planeta»? Y lo que es aún más interesante, su hijo se convertiría en el famoso «rey Sol». Pero vamos a contar la historia paso a paso.

Aunque Ana era española, pasó la mayor parte de su vida en Francia, porque se casó con Luis XIII, el rey de ese país. Al principio, su relación no fue fácil, pero todo cambió cuando nació su primer hijo, Luis, que, años más tarde, se convertiría en el conocido «rey Sol».

Por desgracia, Luis XIII murió cuando aún era joven, y Ana tuvo que hacerse cargo del Gobierno de Francia porque su hijo era solo un niño. Desde entonces, su principal misión fue asegurarse de que el pequeño Luis creciera en un reino en paz. Aunque no fue una tarea fácil, Ana logró su objetivo y dejó un buen futuro a su hijo.

Pero hay más. ¿Sabías que Ana de Austria es uno de los personajes principales de *Los tres mosqueteros*? Sí, en esta novela de Alejandro Dumas, que ha sido llevada al cine en varias ocasiones, los tres valientes mosqueteros y su joven amigo D'Artagnan luchan contra los enemigos de la reina y la protegen.

Así que Ana de Austria fue una figura fascinante tanto en la vida real como en la ficticia.

¿QUIÉN SE PELEÓ POR EL TRONO DE ESPAÑA?

Cuando murió el «rey planeta», su hijo Carlos II se convirtió en rey de España. Pero he aquí la parte complicada: el nuevo monarca no podía tener hijos. Por ello, al fallecer en el año 1700, el trono quedó sin un heredero claro. Un gran problema, sin duda.

¿Qué pasó después? Luis XIV de Francia entró en escena, porque estaba casado con la hermana de Carlos II y también era hijo de una tía suya. Entonces, el rey Sol pensó que estas conexiones familiares eran razón suficiente para que su nieto, Felipe de Anjou, heredara el reino de España.

Pero en Europa no todos estaban contentos con la decisión de Luis XIV. Algunos de sus enemigos no querían que acumulara más poder. Además, su nieto no era el único familiar cercano de Carlos II. El archiduque de Austria, llamado también Carlos, pensaba que tenía más derecho al trono que Felipe de Anjou.

Finalmente, se enfrentaron en la llamada Guerra de Sucesión, donde lucharon durante más de una década. Además, también participaron otros reinos, como Inglaterra, Holanda y Portugal. Al final, el ganador fue el candidato francés, por lo que Felipe de Anjou, que era nieto de Luis XIV y parte de la familia Borbón, ¡se convirtió en el rey de España!

¿CUÁL ES EL ORIGEN DE ESTADOS UNIDOS?

Te sorprenderá saber que, hace más de doscientos años, Estados Unidos no era el país que conocemos hoy día. En realidad, formaba parte de un reino europeo llamado Gran Bretaña.

Los primeros británicos llegaron a lo que ahora es Virginia en 1607. Fundaron un lugar llamado Jamestown, que fue el inicio de lo que hoy conocemos como Estados Unidos. Años después, los puritanos (cristianos protestantes ingleses que creían que la Iglesia anglicana no se había distanciado la suficiente del catolicismo y trataban de «purificarla» con sus prácticas) cruzaron el Atlántico y se establecieron en Massachusetts y Rhode Island. Con el paso del tiempo, más y más gente llegaba y formaba nuevas colonias, y todas crecían y prosperaban juntas.

Aunque las colonias estaban bajo el control de Gran Bretaña, desarrollaron una identidad única. Con el tiempo, empezaron a sentirse molestas con el Gobierno británico, porque les estaba cobrando impuestos y tomaba decisiones comerciales que no les gustaban.

La situación se fue complicando y, en 1775, estalló la Guerra de Independencia. Las colonias americanas se unieron contra Gran Bretaña. Pelearon con valentía por su libertad y, después de muchos años de sacrificio, terminaron ganando.

Tras la victoria, los norteamericanos trabajaron arduamente para crear su joven país: promulgaron nuevas leyes, eligieron líderes y conceptualizaron lo que sería su nación.

¿DE DÓNDE VIENE EL SÍMBOLO DEL DÓLAR?

Seguro has visto muchas veces el símbolo del dólar ($), ¿verdad? Pero lo que tal vez no sabías es que su origen tiene raíces españolas.

En el siglo XVIII, había una moneda muy importante para los mercaderes y banqueros llamada «real de a ocho». ¿Por qué se llamaba así? Porque su valor equivalía a ocho reales. Esta moneda estaba hecha de plata y pesaba casi 30 gramos. En una cara tenía la imagen del rey y en la otra el escudo de la monarquía española. El real de a ocho viajó por todo el mundo y fue muy buscado por su valor en el comercio entre diferentes países.

Por aquel entonces, Estados Unidos era un país joven y no tenía moneda propia, así que adoptó el real de a ocho, ya que era un medio de intercambio muy confiable. Además, España tenía el control sobre algunos lugares cercanos a Estados Unidos, como México y Florida.

¿Y sabías que el símbolo del dólar está relacionado con esta historia? En el escudo actual de España, que es muy similar al que había grabado en el real de a ocho, están las columnas de Hércules entrelazadas por una cinta.

Pues bien, todo comenzó cuando los banqueros norteamericanos necesitaron anotar sus compras y ventas en sus libros de cuentas. Como solución, inventaron un símbolo basado en el diseño del escudo del real de a ocho. La cinta sería como la «ese» del símbolo y las dos columnas serían las barras verticales del símbolo del dólar.

¿QUÉ FUE LA EXPEDICIÓN DE MALASPINA?

Durante casi doscientos años, los españoles lideraron las exploraciones y travesías en el vasto océano Pacífico. Sin embargo, a pesar de su experiencia, todavía quedaban muchos secretos por descubrir en este inmenso mar. Por eso, hacia finales del siglo XVIII, decidieron embarcarse en una audaz aventura enviando dos barcos muy especiales: la fragata Descubierta y la corbeta Atrevida, con la misión de explorar cada rincón del Pacífico y desentrañar sus misterios.

La expedición estaba a cargo de dos hombres valientes y sabios navegantes: Alejandro Malaspina y José de Bustamante y Guerra. Su tarea era más que solo navegar y trazar nuevas rutas comerciales; debían realizar estudios científicos que permitieran comprender mejor la flora y la fauna de esas tierras, así como elaborar informes sobre las costumbres y cultura de los pueblos que visitaban. Además, se esperaba que contribuyeran a crear mapas más precisos de las costas.

El viaje se inició en 1789 y se extendió hasta 1794, durante los cuales Malaspina demostró ser un líder excepcional. Dirigió con habilidad la expedición, asegurándose de que cada aspecto de la travesía funcionara correctamente.

No solo era un experto marino, sino también un hombre de gran sabiduría y conocimiento, que mostraba un profundo interés por aprender sobre diversos temas, desde la naturaleza y la geografía hasta la historia y la cultura de las tierras que exploraban.

¿ESTABA LOCO EL REY JORGE?

Jorge III de Gran Bretaña fue un rey muy poderoso en su época, pero algo pasaba con él: a veces tenía comportamientos un tanto extraños. Esto se hizo más evidente cuando las colonias americanas finalmente se independizaron en 1783. Para el rey, esta pérdida fue muy difícil de aceptar y le afectó a su salud mental.

Había días en los que la confusión de Jorge III era tan grande que no podía ocuparse de sus deberes como rey. Su mente era como un laberinto en esos momentos, y le resultaba difícil tomar las decisiones correctas. Y lo peor es que estos episodios se hicieron más comunes con el tiempo.

Al final de su reinado, la enfermedad era casi como una sombra que lo seguía constantemente, impidiéndole gobernar como antes. En esos momentos, necesitaba la ayuda de su hijo, quien más tarde se convirtió en el rey Jorge IV. Él estaba allí para apoyarlo y tomar decisiones importantes en su nombre.

Aunque no estamos seguros de qué le pasaba exactamente al rey Jorge III, los médicos creen que podría haber tenido algo llamado «trastorno bipolar». ¿Qué significa eso? Que a veces se sentía feliz y lleno de energía, como si nada pudiera detenerlo; pero, otras veces, estaba triste e, incluso, enojado. Su cabeza era una montaña rusa de emociones.

¿POR QUÉ PERDIÓ LA CABEZA MARÍA ANTONIETA?

María Antonieta es una reina que mucha gente conoce, pero no precisamente por cosas buenas, sino por su triste final. Cuando era muy joven, dejó su hogar en Austria y se trasladó a París para casarse con el futuro rey Luis XVI de Francia. Pero desde el principio, las cosas no marcharon bien.

María Antonieta no fue bien recibida por el pueblo porque gastaba mucho dinero mientras la gente pasaba hambre. Tampoco agradó a las personas más importantes del reino, quienes estaban preocupadas por la situación económica del país. Al final, mucha gente la empezó a considerar culpable de todo lo malo que pasaba en Francia.

Entonces ocurrió algo muy importante: una gran revolución que cambió todo. Mucha gente creía que Luis XVI tenía demasiado poder, así que decidieron hacer algo al respecto. ¡Proclamaron la República! Esto quería decir que Francia iba a ser gobernada sin necesidad de un rey.

La familia real fue encerrada en la prisión de El Temple. Pocas semanas después, un tribunal condenó a Luis XVI a muerte. Pero la furia de los revolucionarios no se detuvo allí, ya que la persona más odiada en Francia era, sin duda, María Antonieta.

Tras la ejecución de su marido, María fue llevada ante un tribunal, donde la sentenciaron a morir en la guillotina.

¿ES IMPOSIBLE INVADIR RUSIA?

En la época de la Revolución francesa, un hábil general terminó haciéndose con el poder: Napoleón Bonaparte. Durante años, recorrió Europa con su ejército derrotando a sus enemigos. Pero un día, algo inesperado pasó y todo cambió.

En 1812, Napoleón decidió invadir Rusia con más de medio millón de soldados. Pensó que sería fácil, pero estaba equivocado. Ese país era muy grande… ¡y el invierno allí era tremendamente frío! Los franceses no estaban preparados para ese clima tan extremo, y, además, los rusos sabían que el invierno podía ser su aliado.

El emperador Alejandro de Rusia tomó una decisión inesperada cuando comenzó la invasión. En lugar de enfrentarse directamente a los soldados franceses, dejó que avanzaran por su país. Pero lo que Napoleón no sabía era que el frío ruso era un enemigo mucho más temible. Cuando el cruel invierno llegó, muchos soldados franceses carecían de ropa de abrigo para protegerse del clima duro, y muchos enfermaron y murieron.

Tras su retirada de Rusia, Napoleón vivió un momento muy difícil, ya que perdió a muchos de sus soldados y su ejército quedó muy debilitado. No siendo ya tan poderoso como lo era antes, otros países aprovecharon la oportunidad y se unieron para vencerlo de una vez por todas.

¿CÓMO SURGIERON LAS FÁBRICAS?

A mediados del siglo XVIII se produjo un importante cambio en la economía de algunos países europeos: la Revolución Industrial.

En este periodo se produjo un avance tecnológico que dio lugar a nuevas herramientas y máquinas, como el telar mecánico, que podía tejer mucho más rápido que una persona. También inventaron máquinas de vapor que podían hacer girar ruedas y mover el resto de la maquinaria.

No obstante, las máquinas eran grandes y necesitaban mucho espacio. Por eso, los pequeños talleres donde solían trabajar los artesanos resultaron ser insuficientes. Entonces ¿qué hicieron? ¡Construyeron espacios más amplios llamados fábricas!

Gracias a la Revolución Industrial y todas estas nuevas máquinas, la economía cambió para siempre. Los trabajadores podían hacer más cosas en menos tiempo, y esto ayudó a que las tiendas estuvieran llenas de productos y la gente tuviera mejor cubiertas sus necesidades.

Con el tiempo, los avances tecnológicos asociados a la Revolución Industrial fueron más y más sorprendentes. Apareció la luz eléctrica, los vehículos a motor… ¡e incluso el ser humano conquistó el cielo con aviones!

¿POR QUÉ FUE TAN IMPORTANTE LA MÁQUINA DE VAPOR?

Uno de los grandes símbolos de la Revolución Industrial fue la máquina de vapor, pues cambió tanto la manera de producir como la velocidad de los transportes. Su inventor fue el escocés James Watt, pero su trabajo se basó en experimentos anteriores, como los de Herón de Alejandría, Jerónimo de Ayanz y Thomas Newcomen, entre otros.

La máquina de vapor fue muy importante en el proceso de la Revolución Industrial, ya que permitió cambiar la forma de producir cosas en las fábricas. Antes, las personas hacían todo a mano, y eso llevaba mucho tiempo. Con el invento de Watt, por el contrario, podían poner en movimiento máquinas pesadas que realizaban esa tarea de forma más rápida y con menos esfuerzo.

La máquina de vapor no solo cambió la manera de hacer las cosas en las fábricas, sino que revolucionó el transporte de personas y mercancías. En el año 1807, el norteamericano Robert Fulton utilizó la invención de Watt en el mundo de la navegación. Surgía así el barco de vapor, que agilizaría enormemente el transporte marítimo.

Pero eso no fue todo. En el año 1814, el británico George Stephenson llevó la máquina de vapor a tierra firme. Construyó la primera locomotora: la «Locomotion No. 1». ¡Comenzaba así la era del ferrocarril!

¿CÓMO TERMINÓ EL SAKOKU?

Hasta mediados del siglo XIX, Japón estaba aislado del mundo exterior, con sus propias costumbres y leyes. Esto se debía a una política llamada «sakoku». ¿Recuerdas? Pero todo estaba a punto de cambiar...

Estados Unidos, una nación joven en crecimiento, deseaba comerciar más con Japón, así que presionaron al Gobierno japonés para que abriera sus puertos a los barcos estadounidenses. Sin embargo, el «shōgun» Tokugawa Yoshinobu no estaba de acuerdo y no hizo caso a esa solicitud.

Los estadounidenses estaban decididos y no se dieron por vencidos fácilmente. En julio de 1853, enviaron un barco de guerra al puerto de Edo, donde residía el «shōgun». Al mando estaba Matthew Perry, quien exigió ver al emperador. Sin embargo, cuando los japoneses se negaron, Perry decidió mostrar el gran poder de su barco, ¡usando los cañones contra la ciudad!

Al ver la fuerza del barco y sus armas, el «shōgun» se dio cuenta de que no podían enfrentarse a los estadounidenses. Entonces, decidió negociar con ellos en busca de una solución pacífica. ¡Este momento marcó el fin de la política de aislamiento de Japón con el resto del mundo!

¿QUÉ FUE LA REVOLUCIÓN MEIJI?

La Revolución Meiji fue un gran cambio que ocurrió en Japón después de la llegada de Matthew Perry con sus barcos. El emperador Mutsuhito, también conocido como Meiji, fue la figura principal de esta revolución. Con la ayuda de algunos nobles o *daimyos*, decidió hacer un cambio importante: destituir al «shōgun» Tokugawa Yoshinobu y tomar el control directo del Gobierno.

Pero eso fue solo el principio. Mutsuhito y sus colaboradores crearon un nuevo sistema de Gobierno que permitía a más personas participar en las decisiones importantes del país. Además, modernizaron la industria y la agricultura, construyeron nuevas carreteras y también las primeras vías de tren.

Otra decisión acertada fue mejorar la educación para todos en Japón. El emperador tenía un gran deseo: que cada niño tuviera la oportunidad de aprender. Por eso, construyeron muchas escuelas nuevas y trajeron métodos de enseñanza modernos. Estas medidas tuvieron un impacto enorme, pues muchos más japoneses pudieron aprender a leer y escribir.

La Revolución Meiji también cambió la manera en la que Japón se relacionaba con el resto del mundo: permitió a los japoneses abrirse al comercio y a las ideas de otros países. Todo esto hizo posible que, en muy pocos años, aquel imperio atrasado y débil se convirtiera en una nación moderna y fuerte.

¿POR QUÉ SE PRODUJO LA GUERRA DEL OPIO?

Si consultas un mapa, verás que China y Gran Bretaña están muy lejos la una de la otra. No obstante, en el siglo XIX estalló una disputa entre ellas que desembocó en una guerra. ¿Sabes por qué? Los británicos tenían una droga llamada opio, y querían venderla en territorio chino. Pero había un problema: en China, el opio estaba prohibido.

En 1839, los líderes de China confiscaron un montón de opio y, como Gran Bretaña creyó que estaban atacando a sus comerciantes, le declararon la guerra. Tres años después, los británicos ganaron la contienda, porque tenían mejores armas y barcos. Así, hicieron que China firmara el Tratado de Nankín.

Ese acuerdo no solo puso fin a la guerra, sino que también cambió muchas cosas para China. En primer lugar, tuvo que abrir cinco puertos para que los británicos pudieran comerciar allí libremente. Además, Gran Bretaña se quedó con la isla de Hong Kong, que no devolvió a China ¡hasta 1997!

Pero la historia no termina ahí. Unos años después, los chinos tuvieron que luchar en otra guerra del opio. Esta vez, las cosas se pusieron aún más difíciles, ¡porque Francia se unió a Gran Bretaña! Los chinos perdieron otra vez. Como consecuencia, tuvieron que firmar un acuerdo más duro. Este tratado hizo que los países extranjeros tuvieran más poder sobre China.

¿CÓMO CONVERTIMOS UN CONTINENTE EN UN PASTEL?

En la última mitad del siglo XIX, los europeos se dieron cuenta de que África estaba llena de tesoros: oro, diamantes, marfil y otros recursos difíciles de encontrar en otras partes del mundo. Además, África tenía cosas deliciosas como cacao y algodón para hacer ropa suave. ¡Los europeos querían estas riquezas!

Como eran mucho más poderosos que las tribus africanas, decidieron repartirse el continente entre ellos. En 1884 y 1885, tuvieron una reunión en Berlín y decidieron quién se quedaría con cada parte de África. ¡Es como si estuvieran repartiéndose un pastel!

En los años siguientes, los europeos comenzaron a colonizar África. ¿Qué significa eso? Que enviaron a gente desde Europa para conquistar las tierras africanas y controlar a quienes vivían allí.

Aunque el reparto de África trajo algunos beneficios, como avances tecnológicos y sistemas educativos, ¡también causó injusticias! Para las tribus africanas, la colonización fue un gran desafío. A menudo, fueron desplazadas de sus tierras y perdieron sus formas de vida tradicionales. Fue un tiempo muy difícil para ellos.

¿QUÉ FUE EL IMPERIALISMO?

A estas alturas, quizá te estés preguntando cómo los países europeos lograron imponer su voluntad en Asia y África. La respuesta es sencilla: el avance tecnológico en Europa desde finales del siglo XVIII les dio una gran ventaja sobre otras regiones del mundo. Así comenzó la era del imperialismo, un periodo en el que las naciones poderosas ejercieron su control sobre las más débiles. Injusto, ¿verdad?

¿Cuáles eran los objetivos de estas naciones? Bueno, tenían varios. Por un lado, buscaban obtener los recursos naturales de África y Asia. También querían mano de obra más barata que en sus países, para fabricar sus productos a un coste más bajo. Además, querían hallar nuevos lugares donde vender sus productos.

Sin embargo, también había razones políticas. Buscaban controlar puntos estratégicos, como puertos importantes o rutas comerciales. Y a veces, simplemente querían tener un imperio más extenso que el de sus competidores para mostrar su poder.

Aunque hubo colonias mucho antes, la época dorada del imperialismo comenzó alrededor de 1870. ¡Gran Bretaña y Francia controlaban casi un tercio del mundo! Impresionante, ¿verdad? Sin embargo, las dos guerras mundiales del siglo XX debilitaron a los países europeos. Fue así como empezaron a perder el control sobre sus colonias.

¿CÓMO VOLVER VIVO DE LA ANTÁRTIDA?

En 1914, el explorador Ernest Shackleton y su tripulación se embarcaron en una emocionante aventura. ¡Querían ser los primeros en cruzar la Antártida de un lado a otro! Su barco se llamaba el Endurance.

Pero, cuando estaban a punto de comenzar su viaje, algo sucedió: el barco quedó atrapado en el hielo del mar de Weddell. A pesar de sus esfuerzos, fueron incapaces de moverlo. Finalmente, ¡los icebergs presionaron tanto al barco que lo aplastaron!

Así comenzó una increíble lucha por la supervivencia. Shackleton decidió que lo más sensato era dejar el barco y hacer un campamento en el iceberg. Durante semanas, tuvieron que enfrentarse al frío extremo, la falta de comida y ¡el peligro de que el hielo se rompiera!

Cuando el iceberg comenzó a romperse, Shackleton ordenó abandonar el campamento y subirse a los botes salvavidas que habían sacado del barco. Remaron durante muchos días sobre las aguas heladas, hasta que llegaron a la isla Elefante.

Después de pasar un tiempo en ese lugar solitario, Shackleton escogió a los más fuertes de su tripulación para una hazaña final: atravesar más de 1.000 kilómetros de océano hasta llegar a la isla poblada más cercana. Y, ¿sabes qué? ¡Lo lograron! Aunque parezca un milagro, todos los tripulantes regresaron con vida a sus hogares.

¿CONOCES EL BARCO MÁS FAMOSO DE LA HISTORIA?

Sin duda, el viaje del Titanic es una de las historias más famosas de la navegación marítima, pero también es una de las más trágicas. Este inmenso barco fue construido en Belfast, Irlanda, por encargo de la compañía White Star Line. Y, en 1912, estaba listo para hacer su primer viaje.

El 10 de abril partió de Southampton, en Inglaterra, con destino a Nueva York. También estaban previstas paradas en Francia e Irlanda para recoger más pasajeros. En total, había 2.224 personas a bordo. El barco era muy lujoso, con fiestas todas las noches en sus elegantes salones y con instalaciones como piscina y gimnasio. ¡El viaje prometía ser muy emocionante!

Sin embargo, la diversión terminó de forma inesperada el 14 de abril. Mientras navegaba por el Atlántico Norte, el Titanic chocó con un iceberg que causó daños irreparables en su estructura. Mientras el miedo se apoderaba de las personas, el barco se iba al fondo del mar en una lenta agonía que duraría casi tres horas.

Debido a su gran tamaño y construcción moderna, mucha gente pensaba que el Titanic era tan seguro como una fortaleza y que nunca se hundiría. Por ese motivo, no contaba con suficientes botes salvavidas para todos. Este error en los cálculos fue la razón por la cual solo pudieron salvarse 710 personas del naufragio.

¿QUÉ HACE INMORTAL A LA ÓPERA?

Desde niño, el pequeño Georges Bizet demostró un sorprendente talento para la música. Por eso, sus padres decidieron matricularlo en el conservatorio de París, donde recibió una excelente educación musical. Además, esa ciudad era el centro cultural de Europa a mediados del siglo XIX, lo que favorecía enormemente los deseos de Georges de ser compositor.

En esos años, Bizet creó diferentes tipos de música, como piezas para piano, sinfonías y óperas. Sin embargo, no tuvo mucha suerte con el exigente público parisino. Por eso, Bizet se sintió incomprendido y tuvo problemas económicos durante toda su vida.

Su composición más conocida es *Carmen*, una ópera sobre amor, celos y las consecuencias trágicas de los actos humanos apasionados. En esta obra, basada en una novela de Prosper Mérimée, se combina música operística y melodías gitanas, por lo que tiene un sonido único.

En esta ópera, conocerás a Carmen, una mujer entusiasta y de carácter fuerte. Pero también descubrirás a otros complejos personajes que se enfrentan a problemas amorosos de difícil solución. ¿Qué pasará con ellos? Tendrás que ver la ópera para descubrirlo, pero te aseguro que captará tu atención hasta el final.

El pobre George Bizet tampoco tuvo suerte con Carmen, pues esta ópera solo empezó a tener éxito después de morir su creador. Desde entonces, ha sido interpretada en todo el mundo en multitud de ocasiones, llegando a ser una de las obras más populares del repertorio operístico internacional. ¿Qué hace inmortal a la ópera? Puede que porque sea un arte fácil de comprender y en el que los espectadores se vean representados de una u otra forma.

¿QUIÉN ROBÓ LA MONA LISA?

Eran las siete de la mañana de un cálido lunes de agosto cuando Vincenzo Peruggia entró en el museo del Louvre. Vestía como un trabajador de mantenimiento, pero su objetivo era otro: robar la Mona Lisa de Leonardo da Vinci. Como era temprano, el museo estaba prácticamente vacío. ¡Qué suerte para él!

Con cuidado, Vincenzo descolgó el cuadro de la pared, quitó el marco que lo rodeaba y, de alguna manera, logró esconder la pintura debajo de su ropa. Después, salió del museo por una puerta lateral, intentando no llamar la atención.

Peruggia trató de vender la obra de arte en el mercado negro, pero no tuvo éxito. Por eso, la pintura se mantuvo escondida en su apartamento en París durante más de dos años. Mientras tanto, algo increíble sucedió: miles y miles de personas visitaban el museo del Louvre todos los días, ¡solo para ver el espacio vacío donde solía estar el cuadro!

Al final, Vincenzo se llevó la Mona Lisa a Italia, donde quería encontrar un buen lugar para mostrarla. Pensó que la galería Uffizi, en Florencia, sería perfecta. Pero cuando habló con su director, no quiso comprarla y avisó a la policía. Como resultado, la increíble pintura de Leonardo da Vinci regresó al museo del Louvre en enero de 1914, ¡donde todavía se puede ver!

¿POR QUÉ COMENZÓ LA PRIMERA GUERRA MUNDIAL?

En el verano de 1914, comenzó la Primera Guerra Mundial, un gran conflicto que marcó la historia. Durante cuatro años, europeos, sus colonias y algunos países de otros continentes se enfrentaron en el campo de batalla, ocasionando un gran sufrimiento y destrucción. ¿Quieres saber qué originó este desastre? ¡Vamos a averiguarlo!

En aquellos años existía un importante país llamado Austria-Hungría. Estaba bajo el gobierno de un anciano emperador, y su sobrino Francisco Fernando era el príncipe heredero. Por desgracia, mientras visitaba la ciudad de Sarajevo con su esposa Sofía, fueron asesinados.

Este hecho causó una gran tristeza y enfado en Austria-Hungría. Pensaron que Serbia, un reino vecino, estaba detrás del atentado. Durante semanas, los dos países intentaron resolver sus diferencias mediante el diálogo, pero no pudieron llegar a un acuerdo. Finalmente, el 28 de julio de 1914, Austria-Hungría le declaró la guerra a Serbia.

Esta situación generó un gran problema al tener otros países que elegir de qué lado estaban. Por ejemplo, Rusia apoyaba a Serbia, Alemania a Austria-Hungría y Francia a Rusia. Lo que empezó como un problema entre dos países se convirtió en un gran conflicto que involucró a muchas naciones de todo el mundo.

¿CÓMO ERA UNA TRINCHERA?

Cuando comenzó la Primera Guerra Mundial, la manera de luchar había sufrido grandes cambios: las nuevas armas causaban muchas bajas entre los soldados. Había ametralladoras que disparaban balas a gran velocidad y enormes cañones que producían explosiones a larga distancia. ¡Esto hacía que la guerra fuera más peligrosa que nunca!

Debido a que los ejércitos tenían dificultades para avanzar y necesitaban protección, empezaron a construir trincheras. ¿Cómo eran? Imagina largos y estrechos agujeros en la tierra, como túneles poco profundos. Eran lugares donde los soldados se refugiaban de los disparos enemigos.

Durante cuatro largos años, los combatientes vivieron en trincheras que se asemejaban a sus hogares. La vida allí era bastante aburrida, porque todos los días eran más o menos iguales, excepto cuando se producían ataques enemigos. Además, tenían poco contacto con sus familiares y se sentían muy solos.

La vida de esos soldados era muy difícil. Imagina estar rodeado de barro todo el tiempo, especialmente cuando llovía. Además, el agua estancada en el fondo de las trincheras era sucia y provocaba enfermedades. Algunas, como la disentería y la fiebre tifoidea, eran muy comunes entre los soldados. Y eso no es todo: ¡había ratas por todas partes!

¿EL FIN DE UNOS IMPERIOS?

Tras la Primera Guerra Mundial, las fronteras de Europa cambiaron mucho. ¿Sabes por qué? Porque tres grandes imperios desaparecieron y de ellos surgieron nuevos países.

Si recuerdas, Austria-Hungría había declarado la guerra a Serbia. Pues resulta que los austriacos acabaron en el bando perdedor y esto significó el fin de su imperio. Así se formaron nuevos países, como Checoslovaquia, Polonia, y Austria y Hungría como naciones separadas. También perdió el Imperio otomano, que dominaba la actual Turquía, Oriente Medio y parte de los Balcanes. Con la firma de tratados de paz, dejó de existir y sus tierras fueron divididas entre Gran Bretaña y Francia.

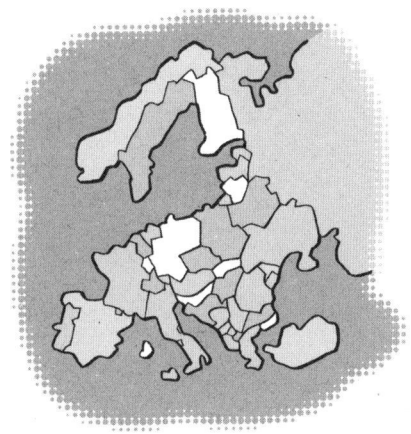

Pero el gran perdedor fue el Imperio alemán, dirigido por el káiser Guillermo II. Antes de la guerra, los alemanes eran una gran potencia, pero con los tratados de paz perdió una sexta parte de su territorio y casi siete millones de habitantes. ¡Fue un golpe muy duro!

> La palabra «káiser» viene del latín «Caesar», aunque te resultará más familiar «César». Era el título que se daba al emperador alemán, considerado heredero de los césares romanos.

¿DESAPARECIERON MÁS IMPERIOS?

Durante la Primera Guerra Mundial, no solo desaparecieron los imperios austrohúngaro, otomano y alemán.

Después de las guerras del opio, China, que había sido gobernada por la dinastía Qing durante mucho tiempo, se enfrentó a una guerra civil llamada «Revuelta de los Taiping». Este evento fue muy trágico para el imperio: murieron 30 millones de personas, ¡casi el doble que en la Primera Guerra Mundial!

Aunque la dinastía Qing logró mantener el control del país, su poder quedó muy debilitado. Entonces surgieron nuevos problemas, como la rebelión de los bóxers. Pero lo que realmente marcó un cambio en la historia fue la Revolución de Xinhai, que puso fin al milenario imperio en 1912. Desde entonces, China pasó a ser una república.

En esos años, Rusia también experimentó grandes cambios. En 1914, se unió a la Primera Guerra Mundial junto con Serbia, Francia y Gran Bretaña. Sin embargo, su ejército sufrió muchas derrotas y la población empezó a pasar hambre, ¡lo que causó un gran descontento!

Fue así como, en febrero de 1917, estalló una revolución. Las protestas fueron tan grandes que el zar Nicolás II tuvo que renunciar al poder. En su lugar, se estableció una república, pero la historia de Rusia tenía más sorpresas guardadas.

¿QUIÉNES ERAN LOS BOLCHEVIQUES?

En 1917, comenzó una revolución en Rusia que llevó finalmente a los bolcheviques al poder. ¿Quieres saber quiénes eran? A principios del siglo XX, existía un grupo político muy popular entre los obreros rusos: el Partido Socialdemócrata. Pero pasados unos años, algunos de sus miembros creyeron que la única manera de lograr cambios importantes era a través de una revolución violenta que terminara con el gobierno del zar. ¡Estos fueron los bolcheviques!

Durante más de una década, este grupo creció bajo el liderazgo de Vladímir Ilich Uliánov, conocido como Lenin. Pero no tenían fuerza suficiente para comenzar su revolución, a menos que algo inesperado sucediera. ¡Y justo eso ocurrió con la Primera Guerra Mundial y el descontento que había en el país!

Cuando en febrero de 1917 las protestas obligaron al zar a dejar el poder, se formó en Rusia un Gobierno provisional. Sin embargo, para Lenin, esto no era suficiente: la revolución debía continuar hasta lograr un país comunista. ¡Así que los bolcheviques no se rindieron!

Finalmente, en octubre de ese año, y dado que el Gobierno provisional estaba perdiendo cada vez más apoyo, Lenin y su grupo lograron tomar el control de la capital. ¡Esto marcó el inicio de una nueva era en Rusia!

¿CUÁL HA SIDO LA CRISIS MÁS IMPORTANTE DE LA HISTORIA?

Imagina que la bolsa es como un juego donde puedes comprar y vender acciones. ¿Y sabes qué son esas acciones? Son pedacitos de las empresas, así que, cuando compras una, te conviertes en propietario de una pequeña parte. Sorprendente, ¿verdad?

El crac de 1929 fue un momento crítico en la bolsa de Nueva York… ¡que terminó afectando a toda la economía mundial! Fue como si un gran huracán golpeara ese juego que hemos mencionado y causara muchos problemas en todo el mundo.

Lo que causó el crac fue que, antes de ese día, muchas personas compraban acciones de empresas para ganar mucho dinero. Pero, repentinamente, todo cambió. Los accionistas empezaron a tener miedo de perder todo su dinero invertido, así que intentaron vender sus acciones con rapidez. El pánico se apoderó de todos…

Las empresas comenzaron a valer menos, muchas quebraron y millones de personas perdieron sus trabajos. Al no tener dinero, también perdieron sus casas y otras propiedades. En un abrir y cerrar de ojos, los estadounidenses se volvieron mucho más pobres. Y como otros países dependían de la economía de Estados Unidos, ¡también ellos se empobrecieron!

Los gobiernos trataron de ayudar, pero la economía mundial tardó casi una década en recuperarse. A los años que vinieron después del crac de 1929 se les conoce como la «Gran Depresión».

¿QUIÉN DEMOSTRÓ QUE LAS MUJERES TAMBIÉN PUEDEN VOLAR?

Desde pequeña, Amelia soñaba con volar y recorrer el mundo.
Y a veces, con esfuerzo y un punto de suerte, los sueños se cumplen.

Amelia Earhart nació en una pequeña población de Kansas, Estados Unidos, a finales del siglo XIX. Aún era una niña cuando, en 1903, los hermanos Wright realizaron su primer vuelo. Cuando cumplió los veinte, el invento estaba tan extendido que pudo tomar clases de vuelo. Su profesora fue Neta Snook, ¡la primera mujer en pilotar de Iowa!

En 1928, Amelia se convirtió en la primera mujer en cruzar el océano Atlántico, junto al piloto Wilmer Stultz. Cuatro años después, se hizo famosa por hacer ese mismo viaje en solitario. ¡Fue un gran logro! También fue la primera mujer en volar sola de Hawái a la costa oeste de Estados Unidos.

El espíritu aventurero de esta increíble mujer nunca dejó de crecer. Su último gran reto comenzó en 1937 y consistía en ¡dar la vuelta al mundo en avión! Por desgracia, Amelia desapareció en el Pacífico con su copiloto Fred Noonan mientras estaban en pleno vuelo. A pesar de ese triste final, la historia de Amelia Earhart sigue inspirando a muchas personas. Ella es conocida por su valentía, esfuerzo y su deseo de llegar a lugares donde nadie había ido antes.

¿CÓMO LLEGÓ HITLER AL PODER?

Después de la Primera Guerra Mundial, Alemania pasó por tiempos duros. La gente estaba triste porque su país había perdido y la crisis económica empeoraba cada vez más. Muchas personas se quedaron sin trabajo, lo que causó severos problemas para sus familias. Fue una época difícil para todos.

En esos años, Adolf Hitler lideraba el Partido Nacionalsocialista o Nazi, un grupo que prometía soluciones rápidas y fáciles a los problemas del país. En sus discursos culpaba a ciertos grupos de los males de Alemania, sobre todo a los judíos. Además, sabía ganarse la confianza de los alemanes con sus palabras.

Después de la Gran Depresión, mucha gente quería soluciones rápidas y radicales a la crisis. Algunos apoyaron al partido de Hitler porque prometía hacer grandes cambios, pero también los comunistas obtuvieron muchos votos en las elecciones.

Finalmente, en enero de 1933, Hitler fue nombrado canciller de Alemania, es decir, jefe del Gobierno. A partir de ese momento, los nacionalsocialistas acumularon más y más poder, pudiendo tomar decisiones importantes para el país. Pero esto fue solo el inicio de lo que se convertiría en un momento muy oscuro en la historia de Alemania y del mundo.

¿CUÁL ES EL DIARIO MÁS FAMOSO DEL MUNDO?

Ana tenía solo trece años cuando empezó a escribir su diario. Y seguro que jamás pensó que sus escritos iban a llegar a ser famosos. Pero ¿quién era exactamente esa niña? La familia de Ana Frank era alemana. Vivían en Frankfurt, donde Ana nació en junio de 1929. Sin embargo, como eran judíos, escaparon a Ámsterdam cuando los nazis llegaron al poder.

Por desgracia, el ejército alemán invadió los Países Bajos en 1940, y la persecución contra los judíos se extendió a ese territorio. Finalmente, Otto Frank decidió esconder a su familia para evitar que los enviaran a un campo de concentración. Fue en ese momento en el que Ana empezó a escribir su diario.

Desde 1942, escribió sobre sus vivencias, sentimientos y las pocas noticias que le llegaban desde el exterior. También hablaba de las personas con las que compartía escondite, especialmente de su padre Otto, su madre Edith, su hermana Margot, y las otras cuatro personas que convivían con ellos.

Pero en agosto de 1944, los nazis acabaron descubriendo el escondite de la familia. Los Frank fueron arrestados y enviados a campos de concentración. En menos de un año, Ana y Margot murieron de tifus en el campo de Bergen-Belsen, y lo mismo sucedió con su madre. ¡Solo Otto Frank sobrevivió! Fue él quien encontró el diario de su hija, que poco después fue publicado, traducido a muchos idiomas y leído por millones de personas.

¿CUÁNDO COMENZÓ LA OPERACIÓN BARBARROJA?

En septiembre de 1939, comenzó la Segunda Guerra Mundial. Después de un tiempo preparándose, Adolf Hitler estaba listo para luchar y vengar la derrota del conflicto bélico anterior.

En menos de un año, los alemanes conquistaron varios países como Polonia, Dinamarca, Noruega, Bélgica, Países Bajos, Luxemburgo y Francia. Lo hicieron de manera rápida y sorprendente, con una táctica llamada «Blitzkrieg», que significa «guerra relámpago».

Pero Hitler no estaba satisfecho y quería conquistar la antigua Rusia, ahora llamada Unión Soviética. Así que, en junio de 1941, comenzó la operación Barbarroja.

A pesar del mal tiempo y de que los soldados enemigos se defendían con mucha fuerza, los alemanes lograron avanzar mucho durante las primeras semanas. Pero los rusos estaban decididos a resistir y tenían un gran aliado: el invierno con sus nieves y frío extremo. ¿Recuerdas? Algo parecido ocurrió con Napoleón. Al final, los planes de Alemania se vieron frustrados.

La operación Barbarroja fue solo el comienzo de una lucha brutal entre alemanes y soviéticos que duró casi cuatro años. Además, puso fin a la racha de victorias de Hitler y jugó un papel importante en la derrota de Alemania en 1945.

¿CUÁL FUE EL ARMA MÁS LETAL DE LA HISTORIA?

En 1942, durante la Segunda Guerra Mundial, Estados Unidos inició el proyecto Manhattan. Gastaron una gran cantidad de dinero para reunir a un grupo de científicos y expertos muy inteligentes. ¿Su tarea? Construir una bomba increíblemente poderosa que cambiaría el curso de la guerra.

El proyecto Manhattan se llevó a cabo en un lugar secreto llamado Los Álamos. Los científicos trabajaron muy rápido y confidencialmente para hacer la bomba antes que sus enemigos. ¿Por qué tanta prisa? Porque los alemanes habían empezado a trabajar en algo similar antes que ellos. Y así se creó la bomba atómica, ¡un arma tan poderosa que podía destruir ciudades enteras con un solo golpe!

Después de mucho esfuerzo, los científicos lograron construir dos bombas atómicas a principios del verano de 1945. Pero no se lanzaron sobre Alemania, porque se había rendido. Como Japón aún continuaba luchando contra los norteamericanos, escogieron las ciudades de Hiroshima y Nagasaki como objetivos del ataque.

Fue un momento muy triste porque las bombas causaron mucha destrucción. El único efecto positivo fue que se terminó con la Segunda Guerra Mundial de inmediato. Estos sucesos marcaron el inicio de una nueva era en la historia del mundo, en la que tuvimos que aprender a convivir con el poder de la energía atómica.

¿CÓMO SE CONQUISTÓ LA CIMA DEL MUNDO?

Seguro que sabes cuál es la montaña más alta del mundo, ¿verdad? ¡Exacto! El monte Everest, que corona la cordillera del Himalaya con sus 8.848 metros. Pues bien, las primeras personas en pisar su cumbre fueron Edmund Hillary, de Nueva Zelanda, y Tenzing Norgay, de Nepal. Fue todo un logro, pues muchas expediciones lo habían intentado antes sin éxito.

Pero no pienses que en la subida al Everest participaron solo dos personas, les ayudaron ¡más de 400!, cargando con un equipo que pesaba unos 10.000 kilogramos.

Después de montar varios campamentos a distintas alturas, el 29 de mayo de 1953 Hillary y Tenzing llegaron a la cumbre. ¿Sabes cuánto tiempo pasaron allí? ¡Quince minutos! Aprovecharon para dejar en lo más alto del Everest una cruz, unos dulces y un pequeño lápiz.

Sin embargo, existe una expedición previa rodeada de misterio: la que, treinta años antes, protagonizaron George Mallory y Andrew Irvine. Ambos desaparecieron en medio de una tormenta cuando trataban de llegar a la cumbre. ¿Y sabes qué? En 1999 encontraron el cuerpo de Mallory a tan solo 700 metros de la cima del Everest.

¿Crees que llegaron a lo más alto? Sabemos que llevaban una cámara de fotos, pero aún no se ha encontrado. Quizá el día que eso suceda podamos resolver este enigma. Mientras tanto, Hillary y Tenzing seguirán teniendo el honor de haber sido los primeros.

¿QUÉ FUE LA GUERRA FRÍA?

Parecía que, después de la derrota de Hitler, todos los problemas y peleas en el mundo iban a desaparecer. Pero no fue así. Los países que ganaron la Segunda Guerra Mundial pronto se dieron cuenta de que no estaban tan unidos como pensaban.

Entre 1945 y 1991, el mundo se dividió en dos grupos: los países democráticos, liderados por Estados Unidos, y los comunistas, bajo la órbita de la Unión Soviética. Esta división causó mucha tensión, dando lugar a un periodo conocido como la Guerra Fría.

Durante este tiempo, la competencia política, económica y tecnológica entre los dos rivales fue muy fuerte. ¡Era como una carrera en la que cada país intentaba ser mejor que el otro en todo!

Aunque nunca pelearon directamente entre sí, esa rivalidad causó muchos problemas en diferentes lugares. Por ejemplo, en Corea, Vietnam y Cuba, hubo guerras civiles, revoluciones y cambios en el Gobierno, porque cada país quería apoyar a un grupo diferente.

Además, había una competencia para ver quién tenía más y mejores armas. Pero la rivalidad no se detenía ahí. También estaban compitiendo para explorar el espacio. Ambos países querían ser los primeros en enviar satélites y ¡llegar a la Luna!

La Guerra Fría terminó en 1991 cuando la Unión Soviética se desintegró y muchos gobiernos dejaron de ser comunistas.

¿POR QUÉ EXISTEN DOS COREAS?

A lo largo de la historia, China y Japón han peleado por el control de la península de Corea, siendo poco el tiempo en el que los coreanos han disfrutado de independencia real. Entre 1910 y 1945, por ejemplo, ese territorio estuvo ocupado por el ejército imperial japonés.

No obstante, cuando terminó la Segunda Guerra Mundial, Japón tuvo que dejar Corea por su derrota. Estados Unidos y la Unión Soviética se hicieron cargo de ese territorio. Y, de forma temporal, decidieron dividir la península en dos partes usando el paralelo 38 como frontera.

En 1948, con el inicio de la Guerra Fría, las dos potencias decidieron crear dos países diferentes: la República Popular Democrática de Corea, que era comunista y estaba en el norte, y la República de Corea, que estaba en el sur y era capitalista.

Esta situación solo se mantuvo dos años estable, pues Corea del Norte, con apoyo de China y de la Unión Soviética, decidió invadir a sus vecinos del sur. Se inició entonces una guerra que duraría hasta 1953. Solo la intervención militar de Estados Unidos logró salvar a Corea del Sur, y se volvió a establecer la frontera en el paralelo 38.

Desde entonces, Corea del Norte y Corea del Sur continúan divididas en esa línea, y esta es la razón por la que todavía hay tensiones entre los dos países.

¿SABÍAS QUE EXISTIÓ UN MURO QUE DIVIDIÓ UN PAÍS?

Al inicio de la Guerra Fría, Alemania se dividió en dos países diferentes: uno era capitalista, aliado de Estados Unidos, y el otro era comunista, apoyado por la Unión Soviética. También la antigua capital alemana se dividió en dos: Berlín occidental y Berlín oriental.

Algunos alemanes que vivían en la parte comunista no estaban contentos y deseaban ir al lado capitalista. Pensaban que allí tendrían más libertad y una vida mejor. Pero los líderes comunistas no querían que la gente se fuera, así que tomaron una decisión muy drástica: construyeron un muro para evitar que cruzaran al otro lado. Esto ocurrió en agosto de 1961.

El Muro de Berlín era muy alto y tenía guardias en las torres y en las fronteras. Estaba vigilado todo el tiempo, por lo que era muy difícil y peligroso cruzarlo. La gente no podía simplemente ir de un lado al otro como antes.

Durante casi treinta años, muchas familias y grupos de amigos permanecieron separados por el muro, las alambradas y las torres de vigilancia. Pero súbitamente, en medio de la confusión de los líderes, la gente se reunió en la frontera. Comenzaron a protestar y, poco después, ¡derribaron parte del muro!

Fue el 9 de noviembre de 1989, un momento emocionante para todos. Gracias a esa acción valiente, ¡Berlín volvió a estar unida!

¿CÓMO LLEGÓ EL SER HUMANO A LA LUNA?

Desde tiempos antiguos, la Luna ha sido compañera cercana de los seres humanos. Nos da luz en las noches oscuras y, en ocasiones, las personas la han considerado una especie de diosa. Parecía inalcanzable, pero, a mediados del xx, la posibilidad de viajar a ella se concretó en las mentes más brillantes del siglo.

Esta idea, no obstante, va ligada a la Guerra Fría y al anhelo que ambas potencias tenían de explorar el espacio. Los soviéticos fueron los primeros en enviar un satélite artificial al espacio en 1957. Se llamaba Sputnik 1. Pero ¡eso no fue todo! Ese mismo año lanzaron al espacio a Laika, una perrita que sería el primer ser vivo en salir de la Tierra.

Ante la mirada atónita de los norteamericanos, los éxitos de la Unión Soviética continuaron. En 1961, Yuri Gagarin se convirtió en el primer ser humano en ir al espacio.

Los líderes de Estados Unidos estaban quedando atrás en la carrera espacial... por lo que ¡tenían que hacer algo al respecto! De ese modo, decidieron iniciar los programas Mercury y Gemini para desarrollar la tecnología necesaria que los llevara a la Luna.

Al final, el trabajo de los estadounidenses dio sus frutos, pues la misión Apolo 11 alcanzó su objetivo el 20 de julio de 1969. El astronauta Neil Armstrong fue el primero en dar un paso en la Luna, seguido de cerca por Buzz Aldrin. ¡Fue un gran logro para la humanidad!